DR. OETKER

NEUE BLITZAUFLÄUFE

DR. OETKER
NEUE BLITZAUFLÄUFE

Weltbild

ALLGEMEINE HINWEISE ZU DEN REZEPTEN

ALLGEMEINE HINWEISE ZU DEN REZEPTEN

Lesen Sie vor der Zubereitung – besser noch vor dem Einkauf – das Rezept einfach einmal vollständig durch. Aus dem Zusammenhang werden die Zubereitungs-Schritte deutlicher und verständlicher.

ARBEITSSCHRITTE

Die Zutaten sind in der Reihenfolge ihrer Verarbeitung aufgeführt. Jeder Arbeitsschritt ist einzeln hervorgehoben und extra nummeriert. So haben wir die Rezepte für Sie auch entwickelt und ausprobiert.

ZUBEREITUNGSZEIT UND BACKZEIT

Die angegebene Zubereitungszeit schließt die Dauer der Vorbereitung und die eigentliche Zubereitung mit ein. Sie ist ein Anhaltswert und kann je nach individuellem Geschick oder Übung natürlich ein wenig variieren. Längere Wartezeiten, wie zum Beispiel Kühl- oder Abkühlzeiten oder auch Auftauzeiten, sind in der Regel nicht in der Zubereitungszeit enthalten. Einzige Ausnahme: In dieser Zeit sind parallel andere Arbeitsschritte zu tun. Die Backzeiten sind gesondert ausgewiesen.

BACKOFENEINSTELLUNG UND BACKZEITEN

Die in den Rezepten angegebenen Backtemperaturen- und Backzeiten sind Richtwerte, die je nach individueller Hitzeleistung Ihres Backofens über- oder unterschritten werden können. Die Temperaturangaben in diesem Buch beziehen sich auf Elektrobacköfen. Die Temperatur-Einstellungsmöglichkeiten für Gasbacköfen variieren je nach Hersteller, sodass wir keine allgemeingültigen Angaben machen können. Bitte beachten Sie deshalb bei der Einstellung des Backofens die Gebrauchsanleitung des Herstellers. Ein Backofenthermometer eignet sich dabei gut, um die Backofentemperatur im Blick zu haben.

HINWEISE ZU DEN NÄHRWERTEN

Bei den Nährwertangaben in den Rezepten handelt es sich um auf- bzw. abgerundete ganze Werte. Aufgrund von ständigen Rohstoffschwankungen und/oder Rezepturveränderungen bei Lebensmitteln kann es zu Abweichungen kommen. Die Nährwertangaben dienen daher lediglich Ihrer Orientierung und eignen sich nur bedingt für die Berechnung eines Diätplans.

ABKÜRZUNGEN UND SYMBOLE

EL	Esslöffel
TL	Teelöffel
Msp.	Messerspitze
Pck.	Packung/Päckchen
g	Gramm
kg	Kilogramm
ml	Milliliter
l	Liter
evtl.	eventuell
geh.	gehäuft
gestr.	gestrichen
gem.	gemahlen
ger.	gerieben
TK	Tiefkühlprodukt
°C	Grad Celsius

KALORIEN-/NÄHRWERTANGABEN

E	Eiweiß
F	Fett
Kh	Kohlenhydrate
kcal	Kilokalorie

INHALT

AUFLÄUFE MIT FLEISCH UND WURST

AUFLÄUFE MIT FISCH UND MEERESFRÜCHTEN

VEGETARISCHE AUFLÄUFE

SÜSSE AUFLÄUFE

BURGUNDERSCHINKEN-AUFLAUF MIT PFIFFERLINGEN

ZUTATEN FÜR 4 PORTIONEN

2 Stangen Lauch (etwa 800 g)
225 g abgetropfte Pfifferlinge (aus der Dose)
1 EL Butterschmalz
Salz
gem. Pfeffer
4 Scheiben feines, herzhaftes Bauernbrot (je etwa 60 g)
4 halbe Scheiben fertig gekaufter Burgunderschinken (je 1 cm dick, je etwa 70 g)

FÜR DEN GUSS:

3 Eier (Größe M)
300 g Crème fraîche
1 Knoblauchzehe

150 g ger. Käse, z. B. Emmentaler, Greyerzer oder mittelalter Gouda

PRO PORTION:

E: 37 g, F: 48 g, Kh: 31 g, kcal: 706

ZUBEREITUNGSZEIT:

30 Minuten

GARZEIT:

etwa 20 Minuten

1. Den Backofen vorheizen.
Ober-/Unterhitze: etwa 200 °C
Heißluft: etwa 180 °C

2. Lauch putzen, die Stangen längs halbieren, gründlich waschen, abtropfen lassen und in Streifen schneiden. Die Pfifferlinge in einem Sieb abtropfen lassen.

3. Butterschmalz in einer großen Pfanne erhitzen. Lauchstreifen darin 2–3 Minuten andünsten, mit Salz und Pfeffer würzen. Lauchstreifen, Pfifferlinge, Brot- und Schinkenscheiben abwechselnd in eine große Auflaufform (gefettet) schichten.

4. Für den Guss Eier und Crème fraîche verschlagen, mit Salz und Pfeffer würzen. Knoblauch abziehen, durch eine Knoblauchpresse drücken und unterrühren. Den Guss auf dem Auflauf verteilen. Mit Käse bestreuen.

5. Die Form auf dem Rost in den vorgeheizten Backofen schieben und den Burgunderschinken-Auflauf **etwa 20 Minuten garen.**

TIPPS:

Für diesen Auflauf können Sie auch gut Braten- oder Gemüsereste vom Vortag verwenden. Durch 1–2 Esslöffel Tomaten- oder Paprikamark bekommt der Eier-Crème fraîche-Guss eine besondere Note. Statt Burgunderschinken schmeckt hier jede Art von gekochtem Schinken. Statt der Pfifferlinge aus der Dose können Sie auch 400 g Champignons verwenden. Dann Champignons putzen, evtl. kurz abspülen, gut abtropfen lassen und in Scheiben schneiden. Zusammen mit den Lauchstreifen in Butterschmalz andünsten und die Auflaufform einschichten.

SAUERKRAUT-AUFLAUF MIT KASSELER

ZUTATEN FÜR 4–6 PORTIONEN

600 g gekochte Pellkartoffeln
770 g Ananas-Weinsauerkraut (aus der Dose)
1 kleine, grüne Paprikaschote
400 g Kasseler (ohne Knochen)
Salz
gem. Pfeffer
etwas Zucker

FÜR DIE SAUCE:

1 schwach geh. EL Weizenmehl
200 g Schmand (Sauerrahm)
125 g Schlagsahne
125 ml Gemüsebrühe

ZUM BESTREUEN:

2 EL Semmelbrösel
2 EL frisch ger. Gouda
25 g Butter

PRO PORTION:

E: 23 g, F: 42 g, Kh: 40 g, kcal: 675

ZUBEREITUNGSZEIT:

25 Minuten

GARZEIT:

etwa 35 Minuten

1. Backofen vorheizen.
Ober-/Unterhitze: etwa 200 °C
Heißluft: etwa 180 °C

2. Kartoffeln pellen, in dickere Scheiben schneiden. Die Hälfte der Kartoffelscheiben in eine flache Auflaufform (Ø 24 cm, gefettet) legen.

3. Sauerkraut etwas auseinanderzupfen und in eine Schüssel geben. Paprikaschote halbieren, entstielen, entkernen und die weißen Scheidewände entfernen. Schotenhälften abspülen, abtropfen lassen und in Streifen schneiden. Kasseler ebenfalls in Streifen schneiden.

4. Die vorbereiteten Zutaten mit dem Sauerkraut vermischen, mit Salz, Pfeffer und Zucker würzen. Die Hälfte der Sauerkraut-Mischung auf die Kartoffelscheiben geben.

5. Für die Sauce Mehl mit Schmand, Sahne und Gemüsebrühe verrühren, mit Salz, Pfeffer und Zucker würzen. Die Hälfte der Sauce auf die Sauerkraut-Mischung geben und mit den restlichen Kartoffelscheiben belegen. Restliches Sauerkraut darauf verteilen und mit der restlichen Sauce übergießen, sodass alle Zutaten gut mit der Sauce bedeckt sind.

6. Den Auflauf mit Semmelbröseln und Käse bestreuen. Butter in Flöckchen daraufsetzen. Die Form auf dem Rost in den vorgeheizten Backofen schieben und den Auflauf **etwa 35 Minuten garen.**

TIPPS:

Geben Sie zusätzlich 5 zerdrückte Wacholderbeeren in das Sauerkraut. Ersetzen Sie die Paprikaschote durch 1 geputzte, gründlich gewaschene, in Stücke geschnittene Stange Lauch. Bestreuen Sie den Auflauf zusätzlich mit 4 Esslöffeln Sonnenblumen- oder Kürbiskernen.

PUTEN-REIS-AUFLAUF

ZUTATEN FÜR 4 PORTIONEN
400 g Putenbrustfilet
1 EL Speiseöl,
z. B. Sonnenblumenöl
Salz
gem. Pfeffer
Currypulver
1 kg Brokkoli
500 ml Gemüsebrühe
200 g Langkornreis
250 g abgetropfte Aprikosenhälften (aus der Dose)

FÜR DEN GUSS:
150 ml Aprikosensaft (aus der Dose)
400 ml Gemüsebrühe (von dem Brokkoli)
1 EL Weizenmehl
100 g Schlagsahne
100 g ger. Käse, z. B. Gouda

PRO PORTION:
E: 41 g, F: 19 g, Kh: 61 g, kcal: 597

ZUBEREITUNGSZEIT:
30 Minuten

GARZEIT:
etwa 30 Minuten

1. Putenbrustfilet mit Küchenpapier abtupfen und in Streifen schneiden.

2. Speiseöl in einer Pfanne erhitzen. Filetstreifen darin von allen Seiten anbraten. Mit Salz, Pfeffer und Curry würzen. Filetstreifen herausnehmen und beiseitestellen. Die Pfanne mit dem verbliebenen Bratfett ebenfalls beiseitestellen.

3. Von dem Brokkoli die Blätter entfernen. Die Röschen vom Strunk schneiden. Den Strunk schälen und in Stücke schneiden. Brokkolistücke und -röschen abspülen, abtropfen lassen.

4. Gemüsebrühe in einem Topf zum Kochen bringen. Brokkolistücke und -röschen darin in etwa 5 Minuten bissfest garen, in ein Sieb geben und abtropfen lassen, dabei die Brokkolibrühe auffangen und 400 ml abmessen.

5. Den Backofen vorheizen.
Ober-/Unterhitze: etwa 180 °C
Heißluft: etwa 160 °C

6. Reis in kochendem Salzwasser etwa 8 Minuten vorgaren, in ein Sieb geben und abtropfen lassen.

7. Von den Aprikosenhälften den Saft auffangen und 150 ml abmessen. Die Aprikosenhälften nochmals halbieren.

8. Für den Guss Aprikosensaft und Brokkolibrühe zum beiseitegestellten Bratfett in die Pfanne geben und aufkochen lassen.

9. Mehl mit Sahne anrühren, in die Sauce rühren, unter Rühren aufkochen und etwa 2 Minuten bei mittlerer Hitze unter gelegentlichem Rühren kochen lassen.

10. Die Sauce mit Salz, Pfeffer und Curry abschmecken. Die Hälfte des Käses unterrühren.

11. Die vorbereiteten Zutaten in eine große, flache Auflaufform (gefettet) geben. Die Sauce darauf verteilen und mit dem restlichen Käse bestreuen.

12. Die Form ohne Deckel auf dem Rost in den vorgeheizten Backofen schieben. Den Puten-Reis-Auflauf **etwa 30 Minuten garen.**

HÄHNCHENSCHNITZEL-AUFLAUF

ZUTATEN FÜR 4 PORTIONEN

4 Hähnchenschnitzel (je 150 g)
Salz
gem. Pfeffer
Currypulver
etwas Weizenmehl
5 EL Speiseöl
460 g abgetropfte kleine, ganze Champignons (aus der Dose)
1 Gemüsezwiebel
1 EL Weizenmehl
125 ml Tomatenketchup
125 ml Weißwein
200 g Schlagsahne
4 Scheiben Frühstücksspeck, in Scheiben (Bacon)
½ Bund Thymian

PRO PORTION:

E: 44 g, F: 52 g, Kh: 19 g, kcal: 753

ZUBEREITUNGSZEIT:

25 Minuten

GARZEIT:

20–25 Minuten

1. Den Backofen vorheizen.
Ober-/Unterhitze: etwa 180 °C
Heißluft: etwa 160 °C

2. Das Fleisch mit Küchenpapier abtupfen, mit Salz, Pfeffer und Curry würzen und mit Mehl bestäuben.
3 Esslöffel von dem Öl in einer großen, beschichteten Pfanne erhitzen, die Hähnchenschnitzel darin von beiden Seiten anbraten und nebeneinander in eine flache Auflaufform (z. B. 20 x 25 cm, gefettet) legen.

3. Champignons in einem Sieb abtropfen lassen. Zwiebel abziehen, halbieren und in Streifen schneiden. Das restliche Öl in der Pfanne erhitzen und die Zwiebelstreifen darin andünsten. Champignons hinzufügen und kurz mit andünsten.

4. Champignons mit Mehl bestäuben, Ketchup, Weißwein und Sahne dazugeben und aufkochen lassen. Alles mit den Gewürzen abschmecken und über die Hähnchenschnitzel geben.

5. Die Speckscheiben in 1–2 cm lange Stücke schneiden und darauf verteilen. Die Form auf dem Rost in den vorgeheizten Backofen schieben und den Auflauf **20–25 Minuten garen.**

6. Thymian abspülen und trocken tupfen. Die Blättchen von den Stängeln zupfen. Den Schnitzelauflauf mit Thymianblättchen bestreut servieren.

TIPPS:

Wenn Kinder mitessen, den Weißwein durch Gemüsebrühe ersetzen. Der Auflauf kann gut vorbereitet und im Kühlschrank aufbewahrt werden. Dann verlängert sich die Backzeit um 5–10 Minuten. Dazu schmecken Salzkartoffeln oder Pommes frites.

RUCOLA-RICOTTA-LASAGNE

ZUTATEN FÜR 4 PORTIONEN
1 kg rote Paprikaschoten
350 g Ricotta (ital. Frischkäse)
Salz
gem. Pfeffer
1 Ei (Größe M)
1 Eigelb (Größe M)
125 g Rucola (Rauke)
1 TL fein abger. Schale von 1 Bio-Zitrone (unbehandelt, ungewachst)
300 g frischer, hauchdünn ausgerollter Nudelteig (aus dem Kühlregal) oder frische Lasagneplatten
150 g hauchdünne Scheiben Mortadella
250 g Tomaten
½ TL gerebelter Thymian
250 g abgetropfter Mozzarella
40 g junger Parmesan, am Stück

PRO PORTION:
E: 38 g, F: 47 g, Kh: 58 g, kcal: 837

ZUBEREITUNGSZEIT:
30 Minuten, ohne Röstzeit

GARZEIT:
35–40 Minuten

1. Den Backofengrill auf etwa 225 °C vorheizen.

2. Paprikaschoten halbieren, entstielen, entkernen und die weißen Scheidewände entfernen. Die Schotenhälften jeweils mit der Schnittfläche nach unten auf einem Backblech (mit Backpapier belegt) verteilen. Das Backblech unter den vorgeheizten Backofengrill schieben. Die Paprikahälften so lange rösten, bis die Haut anfängt Blasen zu werfen. Anschließend das Backblech aus dem Backofen nehmen. Die Paprikahälften mit einem feuchten Geschirrtuch bedecken und etwas abkühlen lassen.

3. Inzwischen den Ricotta in einer Schüssel glatt rühren, mit Salz und Pfeffer würzen. Ei und Eigelb gut unterrühren. Rucola verlesen und dicke Stängel abschneiden. Rucola abspülen, gut abtropfen lassen oder trocken schleudern und fein hacken. Rucola und Zitronenschale unter die Ricottamasse rühren.

4. Von den gerösteten Paprikahälften die Haut abziehen. Paprikahälften leicht flach drücken.

5. Den Backofen vorheizen.
Ober-/Unterhitze: etwa 200 °C
Heißluft: etwa 180 °C

6. Den Nudelteig in 3 gleich große Stücke, jeweils in Größe der Auflaufform, schneiden. Die Auflaufform (gefettet) mit einer Lage Teig bzw. Lasagneplatten auslegen. Die Hälfte der Mortadellascheiben und die Hälfte der Paprikahälften darauflegen. Dann die Hälfte der Ricottamasse darauf verstreichen. Wieder mit einer Lage Teig bzw. Lasagneplatten belegen. Dann die restlichen Mortadellascheiben und Paprikahälften daraufschichten. Restliche Ricottamasse darauf verteilen und mit der letzten Teigplatte bzw. den restlichen Lasagneplatten belegen.

7. Die Tomaten abspülen, abtrocknen, halbieren und die Stängelansätze herausschneiden. Tomaten in feine Scheiben schneiden, auf der Lasagne verteilen, mit Salz, Pfeffer und Thymian würzen. Mozzarella in feine Scheiben schneiden und gleichmäßig darauf verteilen. Parmesan daraufreiben.

8. Die Form auf dem Rost in den vorgeheizten Backofen (unteres Drittel) schieben. Die Lasagne in **35–40 Minuten goldbraun garen.**

9. Die Form auf einen Kuchenrost stellen. Die Rucola-Ricotta-Lasagne etwa 5 Minuten stehen lassen, anschließend in Stücke schneiden und servieren.

MAKKARONI-SCHINKEN-AUFLAUF

ZUTATEN FÜR 4 PORTIONEN

300 g Makkaroni
3 l Wasser
3 gestr. TL Salz
200 g Kochschinken
60 g ger. Käse, z. B. Gouda
2 Eier (Größe M)
250 ml Milch (3,5 % Fett)
Salz
gem. Pfeffer
ger. Muskatnuss
2 EL Semmelbrösel
20 g Butter

PRO PORTION:

E: 30 g, F: 19 g, Kh: 62 g, kcal: 541

ZUBEREITUNGSZEIT:

20 Minuten

GARZEIT:

etwa 40 Minuten

1. Die Makkaroni in mundgerechte Stücke brechen. Wasser in einem großen Topf zugedeckt zum Kochen bringen. Dann Salz und Makkaroni hinzugeben. Die Makkaroni im geöffneten Topf bei mittlerer Hitze nach Packungsanleitung kochen lassen, dabei gelegentlich umrühren.

2. Den Backofen vorheizen.
Ober-/Unterhitze: etwa 200 °C
Heißluft: etwa 180 °C

3. Anschließend die Makkaroni in ein Sieb geben, mit heißem Wasser abspülen und abtropfen lassen.

4. Schinken würfeln. Makkaroni, Schinkenwürfel und Käse abwechselnd lagenweise in eine große, flache Auflaufform (gefettet) schichten.

5. Eier mit Milch verschlagen, mit Salz, Pfeffer und Muskat würzen.

6. Den Auflauf mit der Eiermilch übergießen und mit Semmelbröseln bestreuen. Butter in Flöckchen daraufsetzen.

7. Die Form auf dem Rost in den vorgeheizten Backofen schieben. Den Auflauf **etwa 40 Minuten garen.**

BEILAGE:

Tomatensalat oder grüner Salat mit Kräutervinaigrette.

TIPP:

Anstelle des gekochten Schinkens 250 g in 2 Esslöffeln Öl halb gar gedünstete Pilze oder 400 g in Scheiben geschnittene Tomaten und 4 in Scheiben geschnittene, hart gekochte Eier einschichten.

REZEPTVARIANTE:

Für einen **Makkaroni-Gemüse-Auflauf mit Schinken** 1 grüne Paprikaschote halbieren, entstielen, entkernen und die weißen Scheidewände entfernen. Schotenhälften abspülen, trocken tupfen und in feine Streifen schneiden. 2 Möhren putzen, schälen, abspülen, abtropfen lassen und in dünne Scheiben schneiden. Die Möhrenscheiben in einer Pfanne mit 2 Esslöffeln Öl andünsten, Paprikastreifen hinzugeben und 3–5 Minuten zugedeckt mitdünsten lassen, dabei gelegentlich umrühren. Beides mit 300 g gekochten Makkaroni und 200 g gewürfeltem Kochschinken vermengen und in eine große, flache Auflaufform (gefettet) geben. Dann 2 Eier (Größe M) mit 250 ml Milch (3,5 % Fett) verschlagen, mit Salz, Pfeffer und Muskat würzen und mit gehackter Petersilie verfeinern. Guss darübergießen. Den Auflauf mit 50 g geriebenem Emmentaler bestreuen und wie im Rezept angegeben im Backofen garen.

MAULTASCHEN-SAUERKRAUT-GRATIN

ZUTATEN FÜR 4–6 PORTIONEN

1 Zwiebel
1 rote Paprikaschote (etwa 150 g)
2 EL Speiseöl
810 g mildes Weinsauerkraut (aus der Dose)
1 EL Rosmarinnadeln
Salz
gem. Pfeffer
600 g Schwäbische Maultaschen mit Fleisch (aus dem Kühlregal)

FÜR DEN GUSS:

300 g Crème fraîche
200 g ger. Gouda
1 TL Paprikapulver edelsüß

PRO PORTION:

E: 24 g, F: 45 g, Kh: 37 g, kcal: 665

ZUBEREITUNGSZEIT:

30 Minuten

ÜBERBACKZEIT:

etwa 30 Minuten

1. Zwiebel abziehen und klein würfeln. Paprikaschote halbieren, entstielen, entkernen und die weißen Scheidewände entfernen. Die Schote abspülen, abtropfen lassen und in Streifen schneiden.

2. Speiseöl in einem Topf erhitzen. Zwiebelwürfel und Paprikastreifen darin unter Rühren andünsten. Sauerkraut etwas auseinanderzupfen und mit der Flüssigkeit aus der Dose und Rosmarinnadeln hinzugeben, etwa 5 Minuten mitdünsten lassen.

3. Das Sauerkraut mit Salz und Pfeffer würzen. Maultaschen direkt aus der Packung zum Sauerkraut in den Topf geben und zugedeckt 1–2 Minuten garen. Dann den Deckel abnehmen und kurz weiterdünsten, bis fast keine Flüssigkeit mehr vorhanden ist.

4. Den Backofen vorheizen.
Ober-/Unterhitze: etwa 180 °C
Heißluft: etwa 160 °C

5. Die Sauerkraut-Maultaschen-Mischung in eine große, flache Auflaufform (gefettet) füllen.

6. Für den Guss Crème fraîche und Käse mit einem Schneebesen in einer Schüssel verrühren, mit Paprika, Salz und Pfeffer würzen und gleichmäßig auf der Maultaschen-Sauerkraut-Mischung verteilen.

7. Die Form auf dem Rost in den vorgeheizten Backofen schieben. Das Maultaschen-Sauerkraut-Gratin **etwa 30 Minuten überbacken.**

TIPPS:

Statt der Maultaschen können Sie auch 500–600 g Tortellini mit Fleisch- oder Käsefüllung aus dem Kühlregal verwenden. Nehmen Sie statt des Goudas einen kräftigen Bergkäse und würzen Sie das Sauerkraut zusätzlich mit zerdrückten Wacholderbeeren.

WIRSING-MÖHREN-AUFLAUF

ZUTATEN FÜR 4 PORTIONEN

400 g Wirsing
150 g Möhren
1 rote Paprikaschote (etwa 150 g)
2 Eigelb (Größe M)
2 Eier (Größe M)
125 ml Milch (3,5 % Fett)
100 g Schlagsahne
2 Eiweiß (Größe M)
120 g durchwachsener Speck
2 EL Olivenöl
Salz
gem. Pfeffer
ger. Muskatnuss
2 Stangen Frühlingszwiebeln

PRO PORTION:

E: 13 g, F: 40 g, Kh: 8 g, kcal: 473

ZUBEREITUNGSZEIT:

30 Minuten

GARZEIT:

etwa 35 Minuten

1. Den Backofen vorheizen.
Ober-/Unterhitze: etwa 200 °C
Heißluft: etwa 180 °C

2. Von dem Wirsing die groben äußeren Blätter entfernen. Den Wirsing vierteln und den Strunk herausschneiden. Kohlviertel abspülen, abtropfen lassen und in breite Streifen schneiden.

3. Möhren putzen, schälen, abspülen, abtropfen lassen und in Stifte schneiden. Paprikaschote halbieren, entstielen, entkernen und die weißen Scheidewände entfernen. Schotenhälften waschen, abtropfen lassen und in Streifen schneiden.

4. Eigelb, Eier, Milch und Sahne verschlagen. Eiweiß steif schlagen und unterheben.

5. Speck in in kleine Würfel schneiden. Olivenöl in einer Pfanne erhitzen. Speckwürfel darin ausbraten.

6. Wirsingstreifen, Möhrenstifte, Paprika- und Speckwürfel mischen. Mit Salz, Pfeffer und Muskat würzen.

7. Die Masse in eine Auflaufform (z. B. 17 x 29 cm, gefettet) schichten und mit der Eier-Sahne-Masse übergießen. Danach die Form auf dem Rost in den vorgeheizten Backofen schieben und den Auflauf **etwa 35 Minuten garen.**

8. In der Zwischenzeit Frühlingszwiebeln putzen, unter fließendem kalten Wasser waschen, gut abtropfen lassen und schräg in Ringe schneiden. Den fertig gegarten Auflauf mit den Frühlingszwiebeln bestreuen und servieren.

TIPPS:

Diesen Auflauf können Sie auch gut mit anderen Kohlsorten zubereiten, z. B. mit Spitzkohl, Weißkohl oder Chinakohl. Für gute Esser fügen Sie zusätzlich noch 250 g gewürfelte Fleischwurst hinzu und erhöhen die Sahnemenge auf 200 g. Oder geben Sie 1 zusätzliches Eigelb und 1 Eiweiß dazu. Sie können den Auflauf mit gehackter Petersilie verfeinern.

NUDEL-WÜRSTCHEN-AUFLAUF

ZUTATEN FÜR 4 PORTIONEN

250 g Penne (Röhrennudeln)
Salz
300 g Wiener Würstchen
300 g feine, ungebrühte Bratwurst
200 g Cocktailtomaten
150 g TK-Erbsen
3 Eier (Größe M)
125 ml Milch (3,5 % Fett)
125 g Schlagsahne
gem. Pfeffer
ger. Muskatnuss
100 g frisch ger. Gouda
2 EL Butter

PRO PORTION:

E: 44 g, F: 73 g, Kh: 53 g, kcal: 1047

ZUBEREITUNGSZEIT:

25 Minuten

GARZEIT:

35–45 Minuten

1. Die Nudeln in kochendem Salzwasser nach Packungsanleitung bissfest kochen, dabei gelegentlich umrühren.

2. Die gegarten Nudeln in ein Sieb geben, mit heißem Wasser abspülen und abtropfen lassen.

3. Den Backofen vorheizen.
Ober-/Unterhitze: etwa 180 °C
Heißluft: etwa 160 °C

4. Würstchen in Scheiben schneiden und abwechselnd mit den Nudeln in eine Auflaufform (gefettet) schichten.

5. Die Bratwurstmasse jeweils aus der Pelle drücken und daraus mit angefeuchteten Händen kleine Klößchen formen, evtl. in einer beschichteten Pfanne kurz anbraten. Tomaten abspülen, trocken tupfen und die Stängelansätze herausschneiden. Tomaten evtl. halbieren.

6. Die gefrorenen Erbsen und Klößchen auf den Nudeln und Würstchenscheiben verteilen. Eier mit Milch und Sahne verschlagen. Mit Salz (Vorsicht: Würstchen, Brätmasse und Käse enthalten bereits Salz!), Pfeffer und Muskat würzen. Die Eier-Sahne-Milch auf dem Auflauf verteilen. Tomatenhälften in die Zwischenräume setzen.

7. Den Auflauf mit Käse bestreuen und Butter in Flöckchen daraufsetzen. Die Form auf dem Rost in den vorgeheizten Backofen schieben. Den Auflauf **35–45 Minuten garen.**

TIPPS:

Statt der Wiener Würstchen können Sie Fleischwurst mit oder ohne Knoblauch verwenden. Schneiden Sie diese in mundgerechte Würfel. Wenn Sie den Auflauf etwas kräftiger mögen, nehmen Sie 100 g frisch geriebenen Greyerzer oder Appenzeller. Bestreuen Sie den Auflauf nach dem Backen mit frischen oder tiefgefrorenen Kräutern, z. B. mit Petersilie oder Schnittlauch. Wenn Sie vom Grillen Bratwürstchen übrig haben, die schon gegrillt wurden, können Sie diese anstelle der Brätbällchen mit den Erbsen auf den Nudeln verteilen.

TANDOORI-PASTINAKEN-GRATIN MIT SCHINKEN

ZUTATEN FÜR 2 PORTIONEN

750 g Pastinaken (vorbereitet gewogen etwa 550 g)
2 TL Sonnenblumenöl
2 EL TK-Zwiebelwürfel
3–4 TL Tandoori-Paste (indische Gewürzpaste, aus dem Glas)
300 ml heiße Gemüsebrühe
Salz
gem. Pfeffer
60 g magerer Kochschinken (ohne Fettrand)
100 g Gratinkäse (etwa 12 % Fett)

PRO PORTION:

E: 28 g, F: 12 g, Kh: 35 g, kcal: 371

ZUBEREITUNGSZEIT:

20 Minuten

ÜBERBACKZEIT:

8–10 Minuten

1. Pastinaken putzen, schälen, abspülen, abtropfen lassen und in etwa ½ cm dicke Scheiben schneiden. Sonnenblumenöl in einem Topf erhitzen. Die gefrorenen Zwiebelwürfel hinzugeben und unter Rühren andünsten. Pastinakenscheiben hinzugeben und kurz mitdünsten lassen.

2. Tandoori-Paste und die heiße Gemüsebrühe unterrühren, zum Kochen bringen. Mit Salz und Pfeffer würzen. Die Pastinakenscheiben zugedeckt etwa 7 Minuten bei schwacher Hitze dünsten.

3. In der Zwischenzeit den Backofen vorheizen.
Ober-/Unterhitze: etwa 220 °C
Heißluft: etwa 200 °C

4. Schinken in Streifen schneiden und unter die Pastinakenscheiben mischen. Die Pastinaken-Schinken-Mischung mit dem Tandoori-Fond in 2 kleine Gratinformen (gefettet) füllen und mit dem Käse bestreuen.

5. Die Formen auf dem Rost in den vorgeheizten Backofen schieben. Tandoori-Pastinaken-Gratin **8–10 Minuten überbacken.**

BEILAGE:

Fladenbrot.

TIPPS:

Die indische Würzpaste ist recht scharf und intensiv im Geschmack, deshalb zunächst vorsichtig dosieren und evtl. nachwürzen. Statt der fertigen Würzpaste können Sie zum Würzen der Kochflüssigkeit auch Currypulver verwenden. Die angebrochene Tandoori-Paste im Glas hält sich verschlossen im Kühlschrank mehrere Monate.

PASTA-WIRSING-TOPF, GRATINIERTER

ZUTATEN FÜR 4 PORTIONEN

250 g magerer Tiroler Speck, am Stück
3 Zwiebeln
3 Möhren (etwa 300 g)
1 Stange Lauch
900 g Wirsing
2 EL Speiseöl
Salz
gem. Pfeffer
1 Lorbeerblatt
2 Gewürznelken
ger. Muskatnuss
1 l Fleischbrühe

2 l Wasser
2 gestr. TL Salz
225 g Suppennudeln, z. B. Gobetti

200 g würziger Alpenkäse, am Stück, z. B. Fontina

PRO PORTION:

E: 45 g, F: 34 g, Kh: 53 g, kcal: 724

ZUBEREITUNGSZEIT:

30 Minuten

GARZEIT:

20–25 Minuten

GRATINIERZEIT:

etwa 5 Minuten

1. Speck in etwa ½ cm feine Würfel schneiden. Zwiebeln abziehen und in Spalten schneiden. Möhren putzen, schälen, abspülen, abtropfen lassen und schräg in Scheiben schneiden. Lauch putzen, die Stange längs halbieren, gründlich waschen, abtropfen lassen und in Stücke schneiden. Von dem Wirsing die groben, äußeren Blätter entfernen und den Strunk herausschneiden. Wirsing abspülen, abtropfen lassen, vierteln und ebenfalls in Stücke schneiden.

2. Das Speiseöl in einem großen Topf erhitzen. Die Speckscheiben darin bei mittlerer Hitze kurz von beiden Seiten anbraten und herausnehmen. Zwiebelspalten in den Topf geben und in dem Speckfett bei mittlerer Hitze goldbraun anbraten, herausnehmen und beiseitelegen.

3. Möhrenscheiben, Wirsing- und Lauchstücke in dem verbliebenen Speckfett kurz unter Rühren andünsten. Mit Salz, Pfeffer, Lorbeerblatt, Nelken und Muskat würzen. Die Brühe hinzugießen und bei mittlerer Hitze zum Kochen bringen. Den Eintopf zugedeckt bei schwacher Hitze 20–25 Minuten unter gelegentlichem Rühren kochen lassen. Nach etwa 15 Garzeit die beiseitegelegten Speckscheiben wieder hinzugeben.

4. In der Zwischenzeit Wasser in einem Topf zugedeckt zum Kochen bringen. Dann Salz und Nudeln hinzugeben. Die Nudeln im geöffneten Topf bei mittlerer Hitze nach Packungsanleitung knapp bissfest kochen, dabei gelegentlich umrühren. Anschließend die Nudeln in ein Sieb geben, mit heißem Wasser abspülen und abtropfen lassen.

5. Den Backofen vorheizen.
Ober-/Unterhitze: etwa 200 °C
Heißluft: etwa 180 °C

6. Die Nudeln mit den vorbereiteten Zwiebelspalten mischen, mit etwas Salz und Pfeffer würzen. Den Alpenkäse fein reiben.

7. Den gegarten Eintopf nochmals mit den Gewürzen abschmecken und portionsweise in 4 ofenfeste Auflaufformen (gefettet) oder eine Tarteform (ø 26 cm, gefettet) füllen. Die Nudel-Zwiebel-Mischung darauf verteilen und mit Käse bestreuen.

8. Die Förmchen oder die Form auf dem Rost in den vorgeheizten Backofen schieben. Den Pasta-Wirsing-Eintopf in **etwa 5 Minuten goldbraun gratinieren.**

BUNTER MAKKARONI-AUFLAUF

ZUTATEN FÜR 4–6 PORTIONEN

400 g Makkaroni oder Bucatini
4 l Wasser
4 gestr. TL Salz
je 1 rote und grüne Paprikaschote
100 g Cocktailtomaten
140 g abgetropfter Gemüsemais (aus der Dose)
150 g Kochschinken
2 Eier (Größe M)
250 ml Milch (3,5 % Fett)
Salz
gem. Pfeffer
ger. Muskatnuss
1 Knoblauchzehe
100 g ger. Gouda

PRO PORTION:

E: 27 g, F: 14 g, Kh: 66 g, kcal: 510

ZUBEREITUNGSZEIT:

20 Minuten

GARZEIT:

etwa 40 Minuten

1. Die Makkaroni in gut fingerlange Stücke brechen. Wasser in einem großen Topf zugedeckt zum Kochen bringen. Dann Salz und Makkaroni zugeben. Die Makkaroni im geöffneten Topf bei mittlerer Hitze nach Packungsanleitung kochen lassen, dabei zwischendurch 4–5-mal umrühren.

2. Anschließend die Makkaroni in ein Sieb geben, mit heißem Wasser abspülen und abtropfen lassen.

3. Den Backofen vorheizen.
Ober-/Unterhitze: etwa 200 °C
Heißluft: etwa 180 °C

4. Paprikaschoten halbieren, entstielen, entkernen und die weißen Scheidewände entfernen. Schotenhälften waschen, trocken tupfen und in mundgerechte Stücke schneiden. Tomaten waschen, trocken tupfen, halbieren und die Stängelansätze entfernen. Mais in ein Sieb geben, kalt abspülen und abtropfen lassen. Schinken in Streifen schneiden.

5. Makkaroni mit Paprikastücken, Tomatenhälften, Mais und Schinkenwürfeln mischen, in eine Auflaufform (gefettet) geben.

6. Eier mit Milch verschlagen, mit Salz, Pfeffer und Muskat würzen. Knoblauch abziehen, durch eine Knoblauchpresse drücken und unterrühren.

7. Die Eiermilch auf dem Auflauf verteilen und mit Käse bestreuen.

8. Die Form auf dem Rost in den vorgeheizten Backofen schieben und den Auflauf **etwa 40 Minuten garen.**

TIPP:

Möchten Sie den Auflauf vegetarisch zubereiten, ersetzen Sie den Kochschinken durch 100 g vorbereitete, fein gewürfelte Champignons oder Zucchini.

FISCHAUFLAUF

ZUTATEN FÜR 4 PORTIONEN
2 Kochbeutel (250 g) Spitzen-Langkornreis
Salz
500 g Möhren
2 mittelgroße Fenchelknollen (etwa 500 g)
100 ml Salzwasser
750 g Fischfilet, z. B. Seelachs
2 EL Zitronensaft
gem. Pfeffer
125 ml trockener Weißwein
125 g Schlagsahne
75 g frisch ger. Emmentaler
30 g Butter
1 Bio-Zitrone (unbehandelt, ungewachst)

PRO PORTION:
E: 46 g, F: 23 g, Kh: 62 g, kcal: 671

ZUBEREITUNGSZEIT:
30 Minuten

GARZEIT:
25–30 Minuten

1. Reis in kochendem Salzwasser nach Packungsanleitung knapp gar kochen.

2. Möhren putzen, schälen, abspülen, abtropfen lassen und in feine Stifte schneiden. Von den Fenchelknollen die Stiele dicht oberhalb der Knollen abschneiden (Fenchelgrün beiseitelegen). Braune Stellen und Blätter entfernen. Die Wurzelenden gerade schneiden. Knollen waschen, abtropfen lassen und halbieren. Fenchelhälften ebenfalls in feine Stifte schneiden.

3. Den Backofen vorheizen.
Ober-/Unterhitze: etwa 200 °C
Heißluft: etwa 180 °C

4. Salzwasser in einem Topf zum Kochen bringen. Möhren- und Fenchelstifte darin zugedeckt etwa 5 Minuten dünsten.

5. Fischfilet mit Küchenpapier abtupfen und in Stücke schneiden. Fischstücke mit Zitronensaft beträufeln, mit Salz und Pfeffer bestreuen.

6. Abwechselnd lagenweise Reis, Gemüsestifte und Fischstücke in eine Auflaufform (z. B. oval 28 x 20 cm, gefettet) schichten. Die letzte Schicht sollte aus Reis bestehen.

7. Wein und Sahne verschlagen, mit Salz und Pfeffer würzen und auf dem Auflauf verteilen, sodass der Reis bedeckt ist. Mit Emmentaler bestreuen und Butter in Flöckchen daraufsetzen.

8. Die Form auf dem Rost in den vorgeheizten Backofen schieben und den Fischauflauf **25–30 Minuten garen.**

9. Beiseitegelegtes Fenchelgrün abspülen und trocken tupfen. Zitrone heiß abwaschen, abtrocknen und in dünne Scheiben schneiden. Den Fischauflauf zum Schluss mit dem Fenchelgrün und den Zitronenscheiben garnieren.

TIPP:
Wenn Kinder mitessen, kann der Weißwein auch durch Gemüsebrühe ersetzt werden.

LINSEN-FISCH-AUFLAUF

ZUTATEN FÜR 4 PORTIONEN

2 Stangen Lauch
3 EL Speiseöl
800 g Linsen mit Suppengrün (aus der Dose)
4 Scheiben Toastbrot (je etwa 25 g)
100 g Schinkenwürfel
30 g Butter
1 Pck. Geriebene Zitronenschale
2 EL klein geschnittene, gemischte Kräuter, z. B. Petersilie, Thymian und Schnittlauch
600 g Fischfilet, z. B. Tilapia oder Pangasius
2 EL Zitronensaft
Salz
gem. Pfeffer
150 g Crème fraîche
evtl. vorbereitete Dillspitzen
evtl. einige Spalten von 1 Bio-Zitrone (unbehandelt, ungewachst)

ZUSÄTZLICH:

4 ofenfeste Auflaufförmchen

PRO PORTION:

E: 52 g, F: 36 g, Kh: 60 g, kcal: 818

ZUBEREITUNGSZEIT:

25 Minuten

GARZEIT:

etwa 30 Minuten

1. Lauch putzen, die Stangen längs halbieren, gründlich waschen, abtropfen lassen und in Streifen schneiden. Speiseöl in einer Pfanne erhitzen. Lauchstreifen darin andünsten. Linsen mit der Flüssigkeit untermischen und erhitzen.

2. Den Backofen vorheizen.
Ober-/Unterhitze: etwa 200 °C
Heißluft: etwa 180 °C

3. Toastbrotscheiben entrinden und zerbröseln. Schinkenwürfel in einer erhitzten Pfanne ohne Fett knusprig braten, Butter darin zerlassen. Die Brotbrösel hinzugeben, unter Rühren goldbraun rösten, Zitronenschale und Kräuter unterrühren.

4. Fischfilet mit Küchenpapier abtupfen und in 4 Portionsstücke schneiden. Mit Zitronensaft beträufeln, mit Salz und Pfeffer würzen.

5. Crème fraîche unter die Linsen-Lauch-Masse rühren, mit Salz würzen und in 4 kleine Portions-Auflaufförmchen (gefettet) geben. Fischfiletstücke darauf verteilen und mit dem Brot-Schinken-Gemisch bestreuen. Die Form auf dem Rost in den vorgeheizten Backofen schieben. Den Auflauf **etwa 30 Minuten garen.**

6. Den Auflauf evtl. mit Dillspitzen und Zitronenspalten garnieren.

TIPP:

Noch schneller geht es, wenn Sie Schinkenwürfel aus dem Kühlregal und eine TK-Kräutermischung verwenden, z.B. Kräuter der Provence oder Italienische Kräuter.

JAKOBSMUSCHELGRATIN

ZUTATEN FÜR 4 PORTIONEN

12 vorbereitete, große Jakobsmuschelkerne mit Rogen
500 g junger Blattspinat
2 Schalotten
2 EL Olivenöl
Salz
gem. Pfeffer

1 Knoblauchzehe
80 g Butter (zimmerwarm)
½ Bund Kerbel
½ Bund Schnittlauch
½ Bund Dill
30 g frisch ger. Parmesan

1 Bio-Zitrone (unbehandelt, ungewachst)
Cayennepfeffer
1 große Tomate

ZUSÄTZLICH:

4 ofenfeste Förmchen

PRO PORTION:

E: 14 g, F: 21 g, Kh: 7 g, kcal: 282

ZUBEREITUNGSZEIT:

25 Minuten

GRATINIERZEIT:

6–8 Minuten

1. Die Jakobsmuschelkerne mit Küchenpapier abtupfen. Den Spinat verlesen und die dicken Stiele abschneiden. Spinat gründlich waschen und trocken schleudern oder gut trocken tupfen.

2. Die Schalotten abziehen und klein würfeln. Olivenöl in einem Topf erhitzen. Die Schalottenwürfel darin andünsten. Den Spinat hinzugeben und kurz zusammenfallen lassen. Mit Salz und Pfeffer würzen. Die Spinatmasse in einem Sieb abtropfen lassen.

3. Den Backofen vorheizen.
Ober-/Unterhitze: etwa 240 °C
Heißluft: nicht empfehlenswert!

4. Knoblauch abziehen und durch eine Knoblauchpresse drücken. Den Knoblauch unter die Butter mengen. Die Kräuter abspülen, trocken tupfen und die Blättchen bzw. Spitzen von den Stängeln zupfen. Kerbel und Dill klein schneiden, Schnittlauch in Röllchen schneiden. Die Kräuter mit dem Parmesan zur Butter geben und gut unterarbeiten.

5. Zitrone heiß abwaschen, abtrocknen und die Schale fein abreiben. Zitrone halbieren und den Saft auspressen. Die Kräuterbutter mit Salz, Pfeffer, Cayennepfeffer, Zitronenschale und -saft abschmecken.

6. Die Tomate abspülen, trocken tupfen, halbieren und den Stängelansatz herausschneiden. Tomate in Würfel schneiden.

7. Den Spinat in 4 Förmchen (gefettet) verteilen. Jeweils 3 mit Salz und Pfeffer gewürzte Jakobsmuschelkerne daraufsetzen. Kräuterbutter auf den Muscheln verteilen und mit Tomatenwürfeln bestreuen.

8. Die Förmchen auf dem Rost in den vorgeheizten Backofen schieben. Das Jakobsmuschelgratin **6–8 Minuten gratinieren.**

KARTOFFEL-MATJES-AUFLAUF

ZUTATEN FÜR 2 PORTIONEN

500 g Pellkartoffeln (vom Vortag)
1 dicke Zwiebel (etwa 100 g)
50 g durchwachsener Speck
2 Matjes-Doppelfilets (etwa 175 g)
2–3 Stängel Dill
1 EL Rapsöl
Salz
gem. Pfeffer
100 g Schlagsahne

einige Dillspitzen

PRO PORTION:

E: 26 g, F: 46 g, Kh: 47 g, kcal: 711

ZUBEREITUNGSZEIT:

25 Minuten

GARZEIT:

etwa 35 Minuten

1. Den Backofen vorheizen.
Ober-/Unterhitze: etwa 200 °C
Heißluft: etwa 180 °C

2. Die Kartoffeln pellen und in Scheiben schneiden. Zwiebel abziehen und klein würfeln. Den Speck ebenfalls in Würfel schneiden. Matjesfilets quer in Streifen schneiden. Dill abspülen, trocken tupfen und die Spitzen von den Stängeln zupfen. Spitzen klein schneiden.

3. Rapsöl in einer Pfanne erhitzen. Zwiebel- und Speckwürfel darin glasig dünsten.

4. Die Hälfte der Kartoffelscheiben, mit etwas Salz und Pfeffer gewürzt, und die Hälfte der Zwiebel-Speck-Masse in eine Auflaufform (gefettet) geben. Matjesstreifen darauf verteilen und mit Dill bestreuen.

5. Restliche Kartoffelscheiben und restliche Zwiebel-Speck-Masse daraufgeben. Mit etwas Salz und Pfeffer würzen. Den Auflauf mit der Sahne übergießen.

6. Die Form auf dem Rost in den vorgeheizten Backofen schieben. Den Auflauf **etwa 35 Minuten garen.**

7. Den Auflauf mit abgespülten und trocken getupften Dillspitzen garnieren.

TIPPS:

Sollte der Auflauf zu stark bräunen, ihn mit Alufolie zudecken. Sie können jede Art von übrig gebliebenen Kartoffeln (Salzkartoffeln, Pellkartoffeln oder Backkartoffeln) in Scheiben schneiden und verwenden. Bereiten Sie den Auflauf mit 1 Bund geputzten, abgespülten und in Scheiben geschnittenen Frühlingszwiebeln statt der Zwiebel zu. Geben Sie zusätzlich 220 g abgetropfte grüne Bohnen (aus der Dose) in den Auflauf. Ersetzen Sie die Matjesfilets durch 150 g abgetropften Thunfisch aus der Dose. Nehmen Sie dann anstelle von Dill Petersilie und geben Sie zusätzlich 25 g entkernte, halbierte Oliven dazu.

PROVENZALISCHE KABELJAUFILETS

ZUTATEN FÜR 4 PORTIONEN

FÜR DAS GEMÜSE:

200 g Möhren
170 g rote Zwiebeln
2 Knoblauchzehen
250 g Zucchini
3 EL Olivenöl
3 Stängel Thymian
1 Stängel Salbei
2 Stängel Rosmarin
2 Lorbeerblätter
300 ml Gemüsebrühe
250 g mittelgroße Tomaten
480 g abgetropfte Kichererbsen (aus der Dose)
Salz, gem. Pfeffer
20 g Tomatenmark

FÜR DEN FISCH:

4 Kabeljaufilets (etwa 700 g, ohne Haut und Gräten)
4 Stängel Thymian
4 große Salbeiblätter
1 Stängel Rosmarin
1 Bio-Zitrone (unbehandelt, ungewachst)
50 g Semmelbrösel
2 EL Olivenöl
2 Eiweiß (Größe M)

PRO PORTION:

E: 47 g, F: 19 g, Kh: 39 g, kcal: 352

ZUBEREITUNGSZEIT:

20 Minuten

GARZEIT:

etwa 30 Minuten

1. Für das Gemüse die Möhren putzen, schälen, abspülen, abtropfen lassen und in Scheiben schneiden. Zwiebeln und Knoblauch abziehen. Zwiebeln halbieren und in Spalten schneiden. Knoblauch in dünne Scheiben schneiden.

2. Zucchini abspülen, abtrocknen und die Enden abschneiden. Die Zucchini der Länge nach halbieren und in Scheiben schneiden.

3. Das Öl in einem Topf erhitzen. Zwiebeln und Knoblauch darin etwa 3 Minuten andünsten. Kräuter abspülen, die Blätter bzw. Nadeln abzupfen und grob hacken. Lorbeer, gehackte Kräuter, Möhren und die Brühe zu den Zwiebeln in den Topf geben. Das Gemüse zugedeckt etwa 5 Minuten dünsten.

4. Inzwischen die Tomaten abspülen, abtrocknen, halbieren und die Stängelansätze herausschneiden. Tomatenhälften nochmals durchschneiden. Zucchini, Tomaten und Kichererbsen zum Gemüse geben, aufkochen und mit Salz und Pfeffer würzen. Das Gemüse in eine große Auflaufform (etwa 35 x 24 cm, gefettet) füllen.

5. Den Backofen vorheizen.
Ober-/Unterhitze: etwa 200 °C
Heißluft: etwa 180 °C

6. Kabeljaufilets mit Küchenpapier abtupfen und mit Salz bestreuen.

7. Für die Kruste die Kräuter abspülen, trocken tupfen. Einige Kräuterzweige zum Garnieren beiseitelegen. Von den übrigen Kräutern die Blätter bzw. Nadeln abzupfen und fein hacken. Die Zitrone heiß abwaschen, abtrocknen und ein Drittel der Schale fein abreiben. Die Zitrone anderweitig verwenden.

8. Semmelbrösel im Öl anrösten, gehackte Kräuter, Zitronenschale und etwas Pfeffer unterrühren. Eiweiß mit 1 Prise Salz steif schlagen, die Bröselmasse unterheben. Die Masse in 4 Portionen teilen, auf den Fischstücken verteilen und leicht andrücken. Die Fischstücke auf das Gemüse in die Form legen. Die Form auf dem Rost in den vorgeheizten Backofen schieben. Fisch und Gemüse **etwa 20 Minuten garen.**

9. Die Fischstücke auf einem ofenfesten Teller im ausgeschalteten Ofen warm halten. Tomatenmark unter das Gemüse rühren. Das Gemüse in einem großen Topf aufkochen, mit Salz und Pfeffer abschmecken. Fischstücke mit beiseitegelegten Kräutern garnieren und mit dem Gemüse servieren.

KARTOFFELPUFFER-LACHS-AUFLAUF

ZUTATEN FÜR 2 PORTIONEN

3 EL Keimöl
6 TK-Kartoffelpuffer (Reibekuchen)
125 g geräucherter Stremel-Lachs
½ Bund Dill
1 Ei (Größe M)
2–3 EL Crème fraîche
1 EL Sahnemeerrettich
1 TL Dijon-Senf
1 TL flüssiger Akazien-Honig
Salz
gem. Pfeffer
etwas Zitronensaft

PRO PORTION:

E: 20 g, F: 37 g, Kh: 46 g, kcal: 596

ZUBEREITUNGSZEIT:

20 Minuten

GARZEIT:

etwa 10 Minuten

1. Den Backofen vorheizen.
Ober-/Unterhitze: etwa 220 °C
Heißluft: etwa 200 °C

2. Keimöl in einer Pfanne erhitzen. Die Kartoffelpuffer darin portionsweise nach Packungsanleitung von beiden Seiten knusprig braten. Die Kartoffelpuffer herausnehmen und dachziegelartig in eine große, flache Auflaufform (z. B. 22 x 36 cm, gefettet) schichten.

3. Von dem Lachs die Haut abziehen. Die Lachsstücke halbieren und auf den Kartoffelpuffern verteilen.

4. Dill abspülen und trocken tupfen. Die Spitzen von den Stängeln zupfen. Spitzen klein schneiden.

5. Ei mit Crème fraîche, Sahnemeerrettich, Senf und Honig verrühren. Mit Salz, Pfeffer und Zitronensaft würzen, Dill unterrühren. Die Eimasse auf den Kartoffelpuffern verteilen.

6. Die Form auf dem Rost in den vorgeheizten Backofen schieben. Den Auflauf **etwa 10 Minuten garen,** bis die Eimasse gestockt ist.

REZEPTVARIANTE:

Für einen **Käse-Nudel-Auflauf mit Lachs** Wasser in einem großen Topf mit geschlossenem Deckel zum Kochen bringen. Salz und 250 g Bandnudeln hinzugeben und im geöffneten Topf bei mittlerer Hitze nach Packungsanleitung kochen lassen, dabei zwischendurch 4–5-mal umrühren. Den Backofen vorheizen (Ober-/Unterhitze: etwa 200 °C, Heißluft: etwa 180 °C). Die garen Nudeln in ein Sieb geben, mit heißem Wasser abspülen und abtropfen lassen. 200 g Räucherlachs (in Scheiben) in Streifen schneiden. Bandnudeln, 330 g abgetropften, in Stücke geschnittenen Spargel aus dem Glas, 150 g mittelalten Gouda (in Scheiben) und Lachsstreifen in eine große Auflaufform (gefettet) geben. 4 Eier (Größe M) mit 150 g Speisequark (40 % Fett) verrühren, mit 1 Esslöffel Zitronensaft, Salz, gemahlenem Pfeffer und geriebener Muskatnuss kräftig würzen. Die Eier-Quark-Masse auf dem Auflauf verteilen. Die Form auf dem Rost in den vorgeheizten Backofen schieben und etwa 25 Minuten garen. Den Auflauf aus dem Backofen nehmen und sofort servieren.

TOMATEN-ZIEGENKÄSE-CANNELLONI

ZUTATEN FÜR 4 PORTIONEN

FÜR DIE ZWIEBELSAUCE:

2–3 Zwiebeln (etwa 220 g)
3 Knoblauchzehen
4 EL Olivenöl
Salz
gem. Pfeffer
grob geschrotete Chiliflocken
200 g Schlagsahne

FÜR DIE FÜLLUNG:

4–5 Stängel frische Minze
300 g Ziegenfrischkäse (45 % Fett)
2 Eigelb (Größe M)
3 EL Semmelbrösel
400 g Zucchini

300–400 g frischer, hauchdünn ausgerollter Nudelteig (aus dem Kühlregal)
300 g Cocktailtomaten
75 g junger Pecorino oder Parmesan, am Stück

PRO PORTION:

E: 26 g, F: 48 g, Kh: 71 g, kcal: 833

ZUBEREITUNGSZEIT:

30 Minuten

GARZEIT:

etwa 35 Minuten

1. Für die Sauce Zwiebeln abziehen, zuerst in Scheiben schneiden, dann in Ringe teilen. Knoblauch abziehen und in feine Scheiben schneiden. Olivenöl in einer Pfanne erhitzen. Die Knoblauchscheiben darin goldgelb rösten und auf Küchenpapier abtropfen lassen. Die Zwiebelringe in dem verbliebenen Olivenöl goldbraun anbraten, mit Salz, Pfeffer und 1 Prise Chili würzen. Anschließend die Sahne hinzugießen, zum Kochen bringen und bei schwacher Hitze 1–2 Minuten leicht einkochen lassen.

2. Für die Füllung Minze abspülen, trocken tupfen und die Blättchen von den Stängeln zupfen. Blättchen in feine Streifen schneiden. Frischkäse mit Eigelb und Semmelbröseln glatt rühren. Minze, etwas Salz, Pfeffer und die vorbereiteten Knoblauchscheiben unterrühren, mit den Gewürzen abschmecken und kurz stehen lassen.

3. Inzwischen etwas von der Zwiebelsauce in eine Auflaufform (etwa 30 x 20 cm, gefettet) geben. Zucchini abspülen, abtrocknen und die Enden abschneiden. Zucchini auf einer Haushaltsreibe grob raspeln. Zucchiniraspel unter die Frischkäsemasse rühren, nochmals kräftig mit Salz, Pfeffer und evtl. Chili würzen.

4. Den Backofen vorheizen.
Ober-/Unterhitze: etwa 200 °C
Heißluft: etwa 180 °C

5. Den Nudelteig auf einer Arbeitsfläche auf dem Backpapier entrollen. Evtl. mit einer Teigrolle noch etwas dünner ausrollen, dann in etwa 10 x 30 cm lange Streifen schneiden. Die Teigstreifen jeweils dünn mit der Frischkäse-Zucchini-Masse bestreichen und anschließend jeweils von der kurzen Seite aus aufrollen. Die Ziegenkäse-Cannelloni dicht nebeneinander in die Auflaufform setzen.

6. Tomaten abspülen, abtrocknen und die Stängelansätze herausschneiden. Tomaten in grobe Stücke schneiden, mit etwas Salz und Pfeffer würzen und auf den Cannelloni verteilen. Die restliche Zwiebelsauce darauf verstreichen. Den Pecorino bzw. Parmesan daraufreiben.

7. Die Form auf dem Rost in den vorgeheizten Backofen schieben. Tomaten-Ziegenkäse-Cannelloni in **etwa 35 Minuten goldbraun garen.**

KARTOFFEL-SPINAT-GRATIN

ZUTATEN FÜR 4 PORTIONEN

450 g TK-Blattspinat
Salz
gem. Pfeffer
ger. Muskatnuss
1 kg festkochende Kartoffeln
125 ml Milch (3,5 % Fett)
125 ml Gemüsebrühe
1 Bund Schnittlauch
125 g abgetropfter Mozzarella

PRO PORTION:

E: 14 g, F: 8 g, Kh: 34 g, kcal: 274

ZUBEREITUNGSZEIT:

30 Minuten, ohne Auftauzeit

GARZEIT:

etwa 50 Minuten

1. Blattspinat nach Packungsanleitung auftauen lassen.

2. Den Backofen vorheizen.
Ober-/Unterhitze: etwa 200 °C
Heißluft: etwa 180 °C

3. Den aufgetauten Spinat leicht ausdrücken, mit Salz, Pfeffer und Muskat würzen. Kartoffeln schälen, abspülen, abtropfen lassen und in feine Scheiben schneiden. Kartoffelscheiben dachziegelartig in eine flache Auflaufform (gefettet) schichten. Den Spinat dazwischen verteilen.

4. Milch mit Brühe in einem kleinen Topf verrühren und erhitzen, mit Salz, Pfeffer und Muskat würzen. Die Kartoffeln und den Spinat damit übergießen. Die Form auf dem Rost in den vorgeheizten Backofen schieben. Kartoffel-Spinat-Gratin **etwa 25 Minuten garen.**

5. Schnittlauch abspülen, trocken tupfen und in feine Röllchen schneiden. Mozzarella in kleine Würfel schneiden. Schnittlauchröllchen mit den Käsewürfeln mischen und auf dem Gratin verteilen. Gratin **bei gleicher Backofentemperatur weitere etwa 25 Minuten überbacken.**

TIPPS:

Statt Mozzarella können Sie auch 3 Esslöffel fein geriebenen Parmesan oder alten Gouda über das Gratin streuen. Das Gratin bekommt dadurch einen herzhafteren Geschmack. Rühren Sie 1 abgezogene, durch eine Knoblauchpresse gedrückte Knoblauchzehe vor dem Einschichten unter den Spinat.

REZEPTVARIANTE:

Für ein **Kartoffel-Möhren-Gratin** den Backofen vorheizen (Ober-/Unterhitze: etwa 200 °C, Heißluft: etwa 180 °C). Je 500 g Kartoffeln und Möhren putzen, schälen, abspülen, abtropfen lassen und in etwa 4 mm dicke Scheiben hobeln. Kartoffel- und Möhrenscheiben dachziegelartig in eine Auflaufform (gefettet) schichten. 250 ml Milch und 250 g Schlagsahne verrühren, mit Salz, gemahlenem Pfeffer und geriebener Muskatnuss kräftig würzen. 100 g abgezogene, ganze Mandeln mit einem Mixstab pürieren. 3–4 Stängel Majoran abspülen und trocken tupfen. Die Blättchen von den Stängeln zupfen. Mandeln und Majoranblättchen unter die Sahnemilch rühren und über die Kartoffel- und Möhrenscheiben gießen, sodass alles gerade mit der Sahnemilch bedeckt ist. 40 g Butter in Flöckchen darauf verteilen. Die Form auf dem Rost in den vorgeheizten Backofen schieben und das Gratin etwa 50 Minuten garen.

TORTELLINI-AUFLAUF MIT DAIKONKRESSE

ZUTATEN FÜR 4 PORTIONEN
500 g vegetarische Tortellini (aus dem Kühlregal)
Salz
2 Fleischtomaten
2 EL Butter (20 g)
1 Ei (Größe M)
150 g Schlagsahne
gem. Pfeffer
75 g ger. Parmesan oder Pecorino

2 Kästchen Daikonkresse

PRO PORTION:
E: 20 g, F: 32 g, Kh: 43 g, kcal: 547

ZUBEREITUNGSZEIT:
10 Minuten

GARZEIT:
25–30 Minuten

1. Die Tortellini in kochendem Salzwasser nach Packungsanleitung knapp bissfest kochen. Tortellini in ein Sieb geben, mit kaltem Wasser abspülen und abtropfen lassen.

2. Tomaten abspülen, abtrocknen, halbieren, entkernen und die Stängelansätze herausschneiden. Tomatenhälften in Würfel schneiden.

3. Den Backofen vorheizen.
Ober-/Unterhitze: etwa 200 °C
Heißluft: etwa 180 °C

4. Die Tortellini in einer großen Auflaufform (gefettet) verteilen. Die Butter in Flöckchen daraufsetzen.

5. Ei mit Sahne verschlagen. Die Tortellini damit übergießen. Die Tomatenwürfel darauf verteilen, mit Salz und Pfeffer würzen. Den Käse daraufstreuen.

6. Die Form auf dem Rost in den vorgeheizten Backofen schieben. Den Auflauf **25–30 Minuten garen.**

7. In der Zwischenzeit Daikonkresse abspülen, trocken tupfen und abschneiden. Tortellini-Auflauf mit Daikonkresse bestreut servieren.

TIPP:
Sie können auch vegetarisch gefüllte Ravioli statt Tortellini verwenden.

TOPINAMBUR-AUFLAUF

ZUTATEN FÜR 4 PORTIONEN

1 ¼ kg Topinambur
Salz
gem. Pfeffer
1 TL Kümmelsamen
400 g Schlagsahne
3 Eier (Größe M)
200 g ger. Gouda

1 EL klein geschnittene Petersilie

PRO PORTION:

E: 25 g, F: 54 g, Kh: 16 g, kcal: 656

ZUBEREITUNGSZEIT:

30 Minuten

GARZEIT:

etwa 30 Minuten

1. Topinambur unter fließendem kalten Wasser gründlich abbürsten, abtropfen lassen, evtl. dünn schälen. Topinambur in dünne Scheiben schneiden.

2. Wasser in einem großen Topf zum Kochen bringen, Salz hinzugeben. Die Topinambur-Scheiben darin kurz blanchieren. Anschließend in ein Sieb geben, mit kaltem Wasser abschrecken und gut abtropfen lassen.

3. Den Backofen vorheizen. Ober-/Unterhitze: etwa 200 °C Heißluft: etwa 180 °C

4. Topinambur-Scheiben in eine große, flache Auflaufform (gefettet) oder 4 ofenfeste, flache Portionsförmchen (gefettet) geben. Mit Salz, Pfeffer und Kümmel würzen.

5. Sahne mit Eiern verschlagen, mit Salz würzen. Die Eiersahne auf den Topinambur-Scheiben verteilen und mit Käse bestreuen.

6. Die Form oder Förmchen auf dem Rost in den vorgeheizten Backofen schieben. Den Auflauf **etwa 30 Minuten garen.**

7. Den Auflauf mit Petersilie bestreuen und sofort servieren.

REZEPTVARIANTE:

Für ein **Kartoffel-Sellerie-Gratin** den Backofen vorheizen (Ober-/Unterhitze: etwa 180 °C, Heißluft: etwa 160 °C). Je 250 g Knollensellerie und 400 g Kartoffeln putzen, schälen, waschen, abtropfen lassen und eventuell mit einem Gemüsehobel in dünne Scheiben hobeln. Kartoffelscheiben in kochendem Salzwasser kurz blanchieren und in einem Sieb abtropfen lassen. Kartoffel- und Selleriescheiben abwechselnd, fächerartig in eine große, flache Auflaufform (gefettet) einschichten. Mit 125 ml Gemüsebrühe übergießen, mit Salz, gemahlenem Pfeffer und gerebeltem Thymian bestreuen. Mit 75 ml Olivenöl beträufeln. Die Form auf dem Rost in den vorgeheizten Backofen schieben und etwa 25 Minuten garen. Die Form herausnehmen. Die Kartoffel- und Selleriescheiben mit 40 g geriebenem Parmesan-Käse bestreuen. Die Form wieder auf dem Rost in den heißen Backofen schieben und den Auflauf bei höherer Backofeneinstellung 3–5 Minuten gratinieren. Einige Stängel Thymian abspülen, trocken tupfen und in kleine Zweige zupfen. Das Gratin mit den Thymianzweigen garniert servieren.

SÜSSKARTOFFEL-AUFLAUF MIT ERDNUSSKERNEN

ZUTATEN FÜR 4 PORTIONEN

900 g mittelgroße Süßkartoffeln
1 gestr. TL Salz
1 großes Bund Frühlingszwiebeln (etwa 220 g)
1 TL Erdnuss- oder Olivenöl

FÜR DIE SAUCE:

30 g Weizenmehl (Type 550)
600 ml Milch (1,5 % Fett)
1 TL gekörnte Gemüsebrühe
Salz
gem. Pfeffer
1 Lorbeerblatt
evtl. Cayennepfeffer oder Chiliflocken

50 g getrocknete Soft-Tomaten (aus der Packung)
30 g geröstete Erdnusskerne (ungesalzen)
75 g ger. Gratinkäse, light (etwa 14 % Fett)

PRO PORTION:

E: 18 g, F: 11 g, Kh: 62 g, kcal: 426

ZUBEREITUNGSZEIT:

30 Minuten, ohne Abkühlzeit

GARZEIT:

40–45 Minuten

1. Die Süßkartoffeln gründlich waschen, abtropfen lassen, knapp mit Wasser bedeckt, zugedeckt zum Kochen bringen. Salz hinzufügen. Die Süßkartoffeln in 15–18 Minuten vorgaren.

2. In der Zwischenzeit Frühlingszwiebeln putzen, abspülen, abtropfen lassen und in feine Scheiben schneiden. Erdnuss- oder Olivenöl in einem Topf erhitzen. Frühlingszwiebelscheiben darin unter Wenden kurz anbraten, herausnehmen und auf einen Teller geben.

3. Für die Sauce das Mehl gleichmäßig auf den Topfboden ins Bratfett streuen und so lange erhitzen, bis das Mehl leicht zu duften anfängt und zart goldgelb gebräunt ist. Den Topf von der Kochstelle nehmen. Die Milch mit einem Schneebesen unter kräftigem Schlagen unter das angeröstete Mehl rühren, dabei darauf achten, dass keine Klümpchen entstehen. Die Sauce mit gekörnter Brühe, Salz, Pfeffer, Lorbeerblatt und evtl. Cayennepfeffer oder Chiliflocken würzen und bei schwacher Hitze noch etwa ½ Minute kochen lassen.

4. Die vorgegarten Süßkartoffeln abgießen und kurz abkühlen lassen. Süßkartoffeln pellen und in etwa ½ cm dicke Scheiben schneiden. Tomaten in Streifen schneiden. Erdnusskerne grob hacken.

5. Den Backofen vorheizen.
Ober-/Unterhitze: etwa 180 °C
Heißluft: etwa 160 °C

6. Eine große Auflaufform (etwa 2 Liter Inhalt, gefettet) mit etwas von der Sauce ausstreichen. Dann die Süßkartoffelscheiben, Tomatenstreifen, Frühlingszwiebelscheiben und Erdnusskerne einschichten, dabei die einzelnen Schichten mit der restlichen Sauce bestreichen und gleichzeitig mit Salz und Pfeffer würzen. Den Auflauf mit Käse bestreuen.

7. Die Form auf dem Rost in den vorgeheizten Backofen schieben. Den Auflauf in **40–45 Minuten goldbraun backen.**

TIPP:

Erdnusskerne haben zwar einen sehr hohen Fettgehalt, punkten dabei aber mit vielen ungesättigten Fettsäuren. In Maßen genossen, sind die Nusskerne darüber hinaus auch aufgrund ihres Gehalts an Eiweiß, Fluor und Jod zu empfehlen.

LAUCHKÜCHLEIN

ZUTATEN FÜR 9 STÜCK
ZUM VORBEREITEN:
320 g Lauch
2 EL Olivenöl
1 TL gerebelter Thymian
½ TL gerebelter Rosmarin
Salz
1 gestr. TL Sambal Oelek

FÜR DEN ALL-IN-TEIG:
75 g Maisgrieß (Polenta)
120 g Weizenmehl (Type 550)
1 ½ TL Leinmehl (etwa 7–8 g)
4 gestr. TL Backpulver
knapp 1 gestr. TL Salz
40 g Sonnenblumenkerne
70 ml ungesüßter Haferdrink (natur)
2 TL Obstessig
30 ml Olivenöl
100 ml Mineralwasser mit Kohlensäure

ZUM BESTREUEN:
20 g Sonnenblumenkerne

ZUSÄTZLICH:
9 ofenfeste Sturzgläser (je etwa 150 ml Inhalt)
etwas vegane Margarine für die Form

PRO STÜCK:
E: 5 g, F: 11 g, Kh: 19 g, kcal: 195

ZUBEREITUNGSZEIT:
25 Minuten, ohne Abkühlzeit

BACKZEIT:
etwa 35 Minuten

1. Zum Vorbereiten Lauch putzen, die Stangen längs halbieren, gründlich waschen und abtropfen lassen. Lauch in feine Streifen schneiden.

2. Olivenöl in einem Topf erhitzen. Lauch hinzugeben. Thymian und Rosmarin unterrühren. Lauch zugedeckt etwa 3 Minuten dünsten, mit Salz und Sambal Oelek würzen. Lauch etwas abkühlen lassen.

3. Den Backofen vorheizen.
Ober-/Unterhitze: etwa 180 °C
Heißluft: etwa 160 °C

4. Für den Teig Grieß mit Weizenmehl, Leinmehl und Backpulver in einer Schüssel mischen. Salz, Sonnenblumenkerne, Haferdrink, Essig, Olivenöl und Mineralwasser mit einem Löffel unterrühren. Zuletzt kurz den Lauch untermischen.

5. Die Teigmasse gleichmäßig in den Gläsern (gefettet) verteilen. Die Sturzgläser mit etwas Abstand auf ein Backblech stellen.

6. Das Backblech in den vorgeheizten Backofen schieben. Die Küchlein **etwa 35 Minuten backen.**

TIPPS:
Die Lauchküchlein schmecken warm und kalt. Nach etwa 5 Minuten Abkühlzeit können Sie die Küchlein auch aus den Gläsern stürzen. Dazu die Küchlein mit einem Messer vom Glasrand lösen. Alternativ können Sie die Lauchküchlein auch in einer Muffinform (für 12 Muffins, gefettet) etwa 30 Minuten backen. Den Haferdrink im All-in-Teig können Sie durch andere vegane Drinks ersetzen. Probieren Sie doch einmal Drinks aus Soja, Reis, Dinkel, Mandeln oder Kokos. Wichtig ist, dass „ungesüßt“ und „natur“ auf der Packung vermerkt ist. Statt Sonnenblumenkernen schmecken auch Kürbiskerne oder Pinienkerne sehr lecker. Oder Sie verwenden eine fertige Salatkerne-Mischung, z. B. aus Sonnenblumenkernen, Kürbiskernen, Sojakernen und Pinienkernen.

ROTE-BETE-APFEL-GRATIN

ZUTATEN FÜR 4 PORTIONEN

800 g vorgekochte Rote Bete (vakuumverpackt)
2 Äpfel, z. B. Boskop (etwa 500 g)
Salz
gem. Pfeffer
250 g Crème fraîche
2 geh. EL scharf-würziger Meerrettich (aus dem Glas)
Saft von ½ Zitrone
80 g Butter
100 g gehobelte Haselnusskerne
100 g Panko (asiatische Semmelbrösel)
2 EL klein geschnittene Petersilie

PRO PORTION:

E: 13 g, F: 53 g, Kh: 53 g, kcal: 757

ZUBEREITUNGSZEIT:

15 Minuten

ÜBERBACKZEIT:

etwa 15 Minuten

1. Den Backofen vorheizen.
Ober-/Unterhitze: etwa 220 °C
Heißluft: etwa 200 °C

2. Die Rote Bete in Spalten schneiden. Die Äpfel schälen, vierteln und entkernen. Apfelviertel ebenfalls in Spalten schneiden. Rote Bete und Apfelspalten in einer Schüssel vermischen. Mit Salz und Pfeffer würzen.

3. Crème fraîche mit Meerrettich und Zitronensaft verrühren, mit der Roten Bete und den Apfelspalten vermischen und in einer Auflaufform (gefettet) verteilen.

4. Die Butter zerlassen, Haselnusskerne, Panko und Petersilie untermischen. Mit Salz und Pfeffer würzen und auf der Rote-Bete-Apfel-Mischung verteilen.

5. Die Form auf dem Rost in den vorgeheizten Backofen schieben. Rote-Bete-Apfel-Gratin **etwa 15 Minuten überbacken.**

TIPPS:

Panko sind hellere und luftigere Semmelbrösel aus krustenlosem Weißbrot. Panko bekommen Sie im Asia-Laden. Sie können stattdessen aber auch handelsübliche Semmelbrösel verwenden. Wenn Sie Butter und Crème fraîche durch vegane Produkte ersetzen, eignet sich das Gratin auch für Veganer.

REZEPTVARIANTE:

Für einen **Pastinaken-Gratin** den Backofen vorheizen (Ober-/Unterhitze: etwa 180 °C, Heißluft: etwa 160 °C). 1,2 kg Pastinaken putzen, schälen, abspülen, abtropfen lassen, in etwa 2 mm dicke Scheiben schneiden und in eine runde Gratinform (Ø 30 cm, gefettet) schichten. 150 g Joghurt mit 100 g Magerquark, 100 ml Milch und 2 Eier (Größe M) verschlagen. Mit geriebener Muskatnuss, Salz und gemahlenem Pfeffer würzen. Die Masse auf den Pastinakenscheiben verteilen und mit 120 g frisch geriebenem Höhlenkäse bestreuen. Die Form auf dem Rost in den vorgeheizten Backofen schieben und etwa 30 Minuten garen. 1 Bund Frühlingszwiebeln putzen, waschen, abtropfen lassen und in Scheiben schneiden. Die Form nach etwa 30 Minuten aus dem Backofen nehmen und Frühlingszwiebelscheiben und 60 g gehackte Haselnusskerne auf dem Gratin verteilen. Die Form wieder auf dem Rost in den heißen Backofen schieben und das Gratin bei gleicher Backofeneinstellung in etwa 10 Minuten fertig garen.

KARTOFFEL-KRAUT-QUICHE

ZUTATEN FÜR 4 PORTIONEN

500 g vorwiegend festkochende Kartoffeln
2–3 Stängel frischer oder ½ TL gerebelter Thymian
300 ml Gemüsebrühe
1 Zwiebel
2 ½ EL Speiseöl
2–3 EL flüssiger Honig
250 g abgetropftes Sauerkraut (frisch oder aus der Dose)
Salz, gem. Pfeffer
1 Prise Chiliflocken
100 ml Wasser
100 g Kochsahne (10 % Fett)
½ rote Paprikaschote (100 g)
3 Blätter Filoteig (hauchdünne Teigblätter aus dem Kühlregal, etwa 30 x 30 cm, ersatzweise Strudelteig)
2 EL Sonnenblumenkerne

ZUSÄTZLICH:

1 Spring- oder Pieform (Ø 26 cm)
Backpapier

PRO PORTION:

E: 8 g, F: 12 g, Kh: 43 g, kcal: 320

ZUBEREITUNGSZEIT:

25 Minuten

GARZEIT:

etwa 24 Minuten

BACKZEIT:

20–25 Minuten

1. Kartoffeln schälen, abspülen, abtropfen lassen, in etwa ½ cm dünne Scheiben schneiden oder hobeln. Frischen Thymian abspülen, trocken tupfen und die Blättchen von den Stängeln zupfen. Brühe mit Thymian in einem Topf zum Kochen bringen. Kartoffelscheiben darin bei mittlerer Hitze 8–10 Minuten zugedeckt vorgaren. Dann in einem Sieb abtropfen lassen, die Kochflüssigkeit dabei auffangen.

2. Inzwischen Zwiebel abziehen und fein würfeln. ½ Esslöffel von dem Speiseöl in einem Topf erhitzen. Zwiebelwürfel darin glasig dünsten. Honig zugeben und leicht karamellisieren lassen. Sauerkraut untermischen, mit Salz, Pfeffer und Chili würzen. Das Wasser hinzugießen, zugedeckt etwa 10 Minuten leise schmoren lassen. Die Kochsahne und die aufgefangene Kartoffelbrühe hinzugießen. Das Sauerkraut weitere etwa 4 Minuten bei starker Hitze offen schmoren.

3. Inzwischen Paprikaschote entstielen, entkernen und die weißen Scheidewände entfernen. Schote abspülen, abtropfen lassen und in sehr feine Streifen schneiden. Die Paprikastreifen unter das Sauerkraut mischen.

4. Den Backofen vorheizen.
Ober-/Unterhitze: etwa 200 °C
Heißluft: etwa 180 °C

5. Die Filoteigblätter auf der Arbeitsfläche ausbreiten, mit dem restlichen Öl bestreichen und übereinanderlegen. Die Spring- oder Pieform (mit Backpapier, das über den Formrand hinausragt, ausgelegt) damit auslegen.

6. Die Kartoffeln gleichmäßig in der Form verteilen. Anschließend das Sauerkraut darauf verteilen und mit Sonnenblumenkernen bestreuen. Die Form auf dem Rost in den vorgeheizten Backofen (unterste Schiene) schieben. Kartoffel-Kraut-Quiche in **20–25 Minuten knusprig backen**.

7. Die Form auf einen Kuchenrost stellen. Die Quiche nach Belieben mithilfe des Backpapiers vorsichtig aus der Form heben. Quiche in Stücke schneiden und sofort servieren.

TIPP:

Frisches Sauerkraut enthält jede Menge Vitamin C, das jedoch, wenn es stark gekocht wird, verloren geht.

KÜRBISAUFLAUF MIT SCHAFSKÄSE

ZUTATEN FÜR 4 PORTIONEN

750 g Kürbisfleisch (geputzt, ohne faserigen Innenteil)
500 g Kartoffeln
Salz
gem. Pfeffer
1 Knoblauchzehe
2 Zwiebeln
1 EL Sonnenblumenöl
75 g Weizenmehl
2 EL Sonnenblumenöl
400 g Schafskäse

FÜR DIE EIERSAHNE:

2 Eier (Größe M)
125 g Schlagsahne
ger. Muskatnuss
1 Bund glatte Petersilie

PRO PORTION:

E: 25 g, F: 47 g, Kh: 39 g, kcal: 684

ZUBEREITUNGSZEIT:

25 Minuten

GARZEIT:

etwa 40 Minuten

1. Kürbisfleisch evtl. kurz abspülen, trocken tupfen und in Scheiben schneiden. Kartoffeln schälen, abspülen, abtropfen lassen und ebenfalls in Scheiben schneiden. Kürbis- und Kartoffelscheiben mit Salz und Pfeffer bestreuen.

2. Knoblauch und Zwiebeln abziehen, Knoblauch zerdrücken und Zwiebeln in kleine Würfel schneiden. Sonnenblumenöl in einer kleinen Pfanne erhitzen. Knoblauch und Zwiebelwürfel darin goldgelb dünsten.

3. Den Backofen vorheizen.
Ober-/Unterhitze: etwa 220 °C
Heißluft: etwa 200 °C

4. Kartoffel- und Kürbisscheiben in Mehl wenden. Sonnenblumenöl in einer großen Pfanne erhitzen. Kartoffel- und Kürbisscheiben darin kurz von beiden Seiten braun anbraten und herausnehmen. Schafskäse grob zerbröseln.

5. Eine runde Auflaufform (z. B. Ø 24 cm, gefettet) mit der Hälfte der Kartoffel- und Kürbisscheiben auslegen. Die Hälfte der Schafskäsebrösel mit den angedünsteten Zwiebelwürfeln und Knoblauch daraufgeben. Restliche Kartoffel- und Kürbisscheiben darauflegen und mit den restlichen Schafskäsebröseln bestreuen.

6. Für die Eiersahne Eier mit Sahne verschlagen, mit Salz, Pfeffer und Muskat würzen. Petersilie abspülen und trocken tupfen. Die Blättchen von den Stängeln zupfen. Blättchen klein schneiden und unter die Eiersahne rühren. Die Eiersahne auf dem Auflauf verteilen.

7. Die Form auf dem Rost in den vorgeheizten Backofen schieben. Den Auflauf **etwa 40 Minuten garen.**

AUBERGINEN-NUDEL-AUFLAUF

ZUTATEN FÜR 4 PORTIONEN

2–3 möglichst große Auberginen (etwa 1,6 kg)
2 große Knoblauchzehen
1 großes Bund glatte Petersilie
½ Bund frischer Oregano oder 1 TL gerebelter Oregano
140 ml Olivenöl
½ Bio-Zitrone (unbehandelt, ungewachst)
¼ TL fein geschrotete Chiliflocken
gem. Pfeffer
300 g vegane Nudeln, z. B. Penne
Salz
20 g Pflanzencreme zum Kochen
400 g Cocktailtomaten
75 g abgetropfte Kapernäpfel (aus dem Glas)
50 g abgetropfte schwarze Oliven, ohne Stein

50 g veganes Weizenbrot (vom Vortag)
25 g Pinienkerne

ZUSÄTZLICH:

etwas Olivenöl für die Form

PRO PORTION:

E: 19 g, F: 53 g, Kh: 74 g, kcal: 874

ZUBEREITUNGSZEIT:

30 Minuten

GARZEIT:

etwa 40 Minuten

1. Auberginen abspülen, abtrocknen und die Stängelansätze entfernen. Auberginen längs in etwa ½ cm dicke Scheiben schneiden. Die Scheiben nacheinander in einer Pfanne ohne Fett von beiden Seiten leicht anrösten, herausnehmen und nebeneinander auf eine Platte legen.

2. Knoblauch abziehen und durch eine Knoblauchpresse drücken. Petersilie und frischen Oregano abspülen, trocken tupfen und die Blättchen von den Stängeln zupfen. Blättchen klein schneiden. 100 ml von dem Olivenöl mit den Kräutern und dem Knoblauch verrühren. Zitrone heiß abwaschen, abtrocknen, halbieren und von einer Hälfte die Schale fein abreiben. Von der Zitronenhälfte den Saft auspressen und mit der Zitronenschale unter die Kräuter-Marinade rühren. Marinade mit Chili und etwas Pfeffer verrühren, dann gleichmäßig auf den Auberginenscheiben verteilen.

3. Die Nudeln in kochendem Salzwasser nach Packungsanleitung knapp bissfest kochen, dabei gelegentlich umrühren. Anschließend die Nudeln in ein Sieb geben, mit heißem Wasser abspülen und abtropfen lassen.

4. Die Nudeln mit der Pflanzencreme mischen, mit etwas Salz und Pfeffer würzen und kurz ziehen lassen, bis die Nudeln die Creme etwas aufgesogen haben.

5. Den Backofen vorheizen.
Ober-/Unterhitze: etwa 200 °C
Heißluft: etwa 180 °C

6. Tomaten abspülen, abtrocknen und die Stängelansätze herausschneiden. Etwa die Hälfte der Tomaten grob würfeln. Restliche Tomaten in feine Scheiben schneiden. Von den Kapernäpfeln die Stängelansätze entfernen. Kapernäpfel halbieren.

7. Die Hälfte der Auberginenscheiben in einer Auflaufform (mit Olivenöl gefettet) gleichmäßig verteilen, mit Salz und Pfeffer würzen. Nudeln, Tomatenwürfel, Oliven und Kapernäpfel mischen, ebenfalls mit Salz und Pfeffer würzen und auf den Auberginenscheiben verteilen. Die restlichen Auberginenscheiben mit der marinierten Seite nach oben darauflegen, mit Salz und Pfeffer würzen. Tomatenscheiben gleichmäßig darauflegen.

8. Das Weizenbrot grob reiben, mit den Pinienkernen mischen und auf dem Auflauf verteilen. Das restliche Olivenöl darauftäufeln. Die Form zugedeckt auf dem Rost in den vorgeheizten Backofen schieben. Den Auflauf **etwa 30 Minuten garen**. Dann den Deckel abnehmen und den Auflauf **in weiteren etwa 10 Minuten knusprig garen.**

SÜSSKARTOFFEL-GRATIN

ZUTATEN FÜR 4 PORTIONEN

700 g Süßkartoffeln
40 g brauner Zucker
1 Pck. Bourbon-Vanille-Zucker
1 Pck. Geriebene Zitronenschale
1 Prise Salz
70 g Haselnusskerne
60 g getrocknete Cranberrys
30 g Sonnenblumenkerne

FÜR DEN GUSS:

4 Eier (Größe M)
300 ml Milch (3,5 % Fett)
200 g Schlagsahne

PRO PORTION:

E: 18 g, F: 40 g, Kh: 66 g, kcal: 703

ZUBEREITUNGSZEIT:

30 Minuten, ohne Durchziehzeit

BACKZEIT:

etwa 35 Minuten

1. Süßkartoffeln schälen, abspülen, abtropfen lassen und quer in etwa ½ cm dicke Scheiben schneiden. Große Scheiben evtl. halbieren. Die Scheiben mit braunem Zucker, Vanille-Zucker, Zitronenschale und Salz in einer Schüssel vermengen und zugedeckt 30 Minuten ziehen lassen.

2. Den Backofen vorheizen. Ober-/Unterhitze: etwa 200 °C Heißluft: etwa 180 °C

3. Nüsse und Cranberrys im Blitzhacker grob hacken und mit Sonnenblumenkernen in einer Schüssel vermengen.

4. Die Kartoffelscheiben abtropfen lassen, den Sud auffangen (etwa 50 ml). Die Kartoffelscheiben dachziegelartig in eine große, flache Auflaufform (gefettet) geben. Die Kerne-Nuss-Mischung zwischen und auf den Scheiben verteilen.

5. Für den Guss den aufgefangenen Sud mit Eiern, Milch und Sahne verrühren und über die Kartoffelscheiben gießen. Die Form auf dem Rost in den vorgeheizten Backofen schieben. Das Gratin **etwa 35 Minuten backen.**

6. Das Süßkartoffel-Gratin heiß oder lauwarm servieren.

REZEPTVARIANTE:

Für einen **Süßkartoffel-Kohlrabi-Gratin** (4 Portionen) den Backofen vorheizen (Ober-/Unterhitze: etwa 200 °C, Heißluft: etwa 180 °C), 600 g Süßkartoffeln schälen, abspülen, abtropfen lassen. 2 Kohlrabi schälen, abspülen und abtropfen lassen. Kartoffeln und Kohlrabi in etwa ½ cm dicke Scheiben schneiden. 1 Bund Frühlingszwiebeln putzen, abspülen, abtropfen lassen und in Stücke schneiden. Dann 300 g Staudensellerie putzen, abspülen, abtropfen lassen und ebenfalls in Stücke schneiden. 150 g Joghurt (3,5 % Fett) mit 250 g Schlagsahne verrühren, mit Salz und gemahlenem Pfeffer würzen. Staudenselleriestücke in einer Auflaufform (gefettet) verteilen. Abwechselnd dachziegelartig Süßkartoffeln- und Kohlrabischeiben darauflegen. Frühlingszwiebelstücke daraufgeben und die Joghurt-Sahne-Sauce darauf verteilen. Mit 60 g Rosinen, 60 g grob gehackten Haselnusskernen und 120 g frisch geriebenem Gouda bestreuen, mit Paprikapulver (edelsüß) würzen. Die Form auf dem Rost in den vorgeheizten Backofen schieben. Das Gratin etwa 60 Minuten backen. Das Gratin evtl. nach der Hälfte der Garzeit mit Backpapier abdecken.

DICKE-BOHNEN-KARTOFFEL-AUFLAUF

ZUTATEN FÜR 4 PORTIONEN

600 g festkochende Kartoffeln
250 g Frühlingszwiebeln
Salz
etwa 400 g dicke Bohnenkerne (frisch, TK oder abgetropfte Bohnen aus dem Glas)
1 Bund glatte Petersilie
250 g Schlagsahne
200 g saure Sahne
3 Eier (Größe M)
gem. Pfeffer

PRO PORTION:

E: 18 g, F: 31 g, Kh: 40 g, kcal: 521

ZUBEREITUNGSZEIT:

30 Minuten

GARZEIT:

50–60 Minuten

1. Kartoffeln schälen, abspülen, abtropfen lassen und in kleine Würfel schneiden. Frühlingszwiebeln putzen, abspülen, abtropfen lassen und in Stücke schneiden.

2. Wasser in einem Topf zugedeckt zum Kochen bringen, Salz hinzufügen. Nacheinander die frischen oder TK-Bohnenkerne etwa 15 Minuten und die Kartoffelwürfel etwa 5 Minuten darin garen. Bohnen und Kartoffelwürfel in einem Sieb abtropfen lassen.

3. Petersilie abspülen, trocken tupfen und die Blättchen von den Stängeln zupfen. Einige Blättchen zum Garnieren beiseitelegen. Die restlichen Petersilienblättchen klein schneiden.

4. Den Backofen vorheizen.
Ober-/Unterhitze: etwa 180 °C
Heißluft: etwa 160 °C

5. Bohnen, Kartoffelwürfel, Frühlingszwiebelstücke und klein geschnittene Petersilie in einer Auflaufform (gefettet) mischen. Schlagsahne und saure Sahne mit den Eiern verschlagen, mit Salz und Pfeffer würzen. Die Eiersahne auf der Gemüse-Kartoffel-Mischung verteilen.

6. Die Form auf dem Rost in den vorgeheizten Backofen schieben. Den Auflauf **50–60 Minuten garen.**

7. Den Auflauf mit den beiseitegelegten Petersilienblättchen garnieren und servieren.

BEILAGE:

Reichen Sie zum Auflauf einen schnellen **Tomatensalat.** Dafür etwa 750 g Tomaten abspülen, abtrocknen und in Scheiben schneiden, dabei die Stängelansätze herausschneiden. Die Tomatenscheiben evtl. nochmals halbieren und in eine Schüssel geben. Für die Sauce 1 Zwiebel abziehen, fein würfeln. 1 Esslöffel Kräuter- oder Balsamico-Essig mit etwas Salz, Pfeffer und Zucker verrühren, dann 2–3 Esslöffel Olivenöl unterschlagen. Die Salatsauce mit den Tomatenscheiben mischen und den Salat etwa 10 Minuten durchziehen lassen. Nach Belieben noch einige Basilikumblättchen abspülen, trocken tupfen, klein schneiden und unter den Salat heben.

EIER IM BÉCHAMEL-SAFRAN-SPINATBETT

ZUTATEN FÜR 4 PORTIONEN

1 kg TK-Blattspinat
2 Schalotten
1–2 Knoblauchzehen
1 EL Butter
Salz
gem. Pfeffer
1 Msp. Safran
250 ml Béchamelsauce (aus dem Tetrapak)
100 g ger. Emmentaler
4 Eier (Größe M)
1 EL Butter

PRO PORTION:

E: 22 g, F: 33 g, Kh: 5 g, kcal: 414

ZUBEREITUNGSZEIT:

30 Minuten, ohne Auftauzeit

GARZEIT:

etwa 20 Minuten

1. Blattspinat nach Packungsanleitung auftauen lassen.

2. Schalotten und Knoblauch abziehen, in kleine Würfel schneiden. Butter in einem Topf zerlassen. Schalotten- und Knoblauchwürfel darin andünsten. Spinat leicht ausdrücken, hinzugeben und so lange dünsten, bis die Flüssigkeit fast verdampft ist, mit Salz und Pfeffer würzen.

3. Den Backofen vorheizen.
Ober-/Unterhitze: etwa 200 °C
Heißluft: etwa 180 °C

4. Safran unter die Béchamelsauce rühren. Den Spinat mit der Safran-Béchamelsauce und etwa der Hälfte des Käses in einer großen Auflaufform (gefettet) vermischen.

5. Vier Mulden in die Spinat-Saucen-Mischung drücken. Je 1 aufgeschlagenes Ei hineingleiten lassen. Restlichen Käse darauf verteilen. Die Butter in Flöckchen daraufsetzen.

6. Die Form auf dem Rost in den vorgeheizten Backofen schieben. Die Eier im Béchamel-Safran-Spinatbett **etwa 20 Minuten garen.**

7. Den Auflauf mit Pfeffer bestreut servieren.

REZEPTVARIANTE:

Für **Cannelloni mit Ricotta** 450 g TK-Spinat nach Packungsanleitung auftauen lassen und etwas ausdrücken. Den Backofen vorheizen (Ober-/Unterhitze: etwa 200 °C, Heißluft: etwa 180 °C). 300 g Ricotta (ital. Frischkäse) und 40 g frisch geriebenem Parmesan zum Spinat geben und untermengen. Mit Salz, gemahlenem Pfeffer und geriebener Muskat würzen. Für die Béchamelsauce 30 g Butter in einem Topf zerlassen. 30 g Weizenmehl unter Rühren so lange darin erhitzen, bis es hellgelb ist. 500 ml Milch hinzugießen und mit einem Schneebesen durchschlagen. Dabei darauf achten, das keine Klümpchen entstehen. Die Sauce unter Rühren gut aufkochen lassen. Mit Salz, Pfeffer und Muskat würzen. Die Spinatmasse in einen Spritzbeutel mit großer Lochtülle füllen, in 250 g Cannelloni (ohne Vorkochen) spritzen und die Cannelloni nebeneinander in eine flache Auflaufform (gefettet) legen. Die Béchamelsauce darauf verteilen und mit 40 g frisch geriebenem Parmesan bestreuen. Die Form auf dem Rost in den vorgeheizten Backofen schieben und etwa 40 Minuten garen.

FRÜHLINGSGEMÜSE-AUFLAUF

ZUTATEN FÜR 4 PORTIONEN

1 ¼ kg gemischtes Gemüse, z. B. Kohlrabi, Möhren, Brokkoli, Blumenkohl, grüner und weißer Spargel
1 l Wasser
1 gestr. TL Salz
1 Knoblauchzehe
200 g Schlagsahne
2 Eier (Größe M)
gem. Pfeffer
ger. Muskatnuss
100 g ger. Emmentaler
50 g ger. Parmesan

PRO PORTION:

E: 20 g, F: 31 g, Kh: 10 g, kcal: 403

ZUBEREITUNGSZEIT:

30 Minuten

GARZEIT:

20–30 Minuten

1. Kohlrabi und Möhren putzen, schälen, abspülen und abtropfen lassen. Kleine Kohlrabiblätter beiseitelegen. Kohlrabi in Scheiben und Möhren in Stücke schneiden oder längs vierteln. Brokkoli und Blumenkohl putzen, abspülen, abtropfen lassen und in kleine Röschen teilen. Die Brokkolistängel schälen.

2. Den Spargel schälen und die unteren Enden abschneiden (grünen Spargel nur im unteren Drittel schälen). Spargel abspülen, abtropfen lassen und in 2–3 cm lange Stücke schneiden.

3. Das Wasser in einem Topf zum Kochen bringen, Salz hinzufügen. Das Gemüse portionsweise jeweils 2–3 Minuten darin vorgaren. Gemüse mit einem Schaumlöffel aus dem Topf nehmen und in einem Sieb abtropfen lassen. Das Gemüse in eine große Auflaufform (gefettet) schichten.

4. Den Backofen vorheizen.
Ober-/Unterhitze: etwa 180 °C
Heißluft: etwa 160 °C

5. Knoblauch abziehen und durch eine Knoblauchpresse drücken oder klein würfeln. Sahne und Eier verschlagen, mit Knoblauch, Salz, Pfeffer und Muskat würzen.

6. Die Eiersahne auf dem Gemüse verteilen. Beide Käsesorten daraufstreuen. Die Form auf dem Rost in den vorgeheizten Backofen schieben. Den Frühlingsgemüse-Auflauf **20–30 Minuten garen.**

7. Die beiseitegelegten Kohlrabiblätter abspülen, trocken tupfen und fein hacken. Den Auflauf damit bestreuen und servieren.

TIPPS:

Je nach Jahreszeit kann man auch andere Gemüsesorten wie Paprikaschoten, rote Zwiebeln, Bohnen, Fenchel, Knollensellerie, Lauch, Rosenkohl, Staudensellerie, Steckrüben oder Zuckerschoten verwenden. Sie können den Auflauf auch mit einigen glatten Petersilienblättchen garnieren und servieren.

BROKKOLI-KARTOFFEL-AUFLAUF

ZUTATEN FÜR 4 PORTIONEN

1 ¼ kg Brokkoli
1 Bio-Zitrone (unbehandelt, ungewachst)
150 ml Gemüsebrühe
Salz
gem. Pfeffer
2 Msp. ger. Muskatnuss
1 kg kleine, gegarte Pellkartoffeln
4 Tomaten (etwa 250 g)
100 g Schmand (24 % Fett, Sauerrahm)
4 Scheiben Vollkorn-Knäckebrot
50 g ger. Parmesan

PRO PORTION:
E: 19 g, F: 14 g, Kh: 51 g, kcal: 413

ZUBEREITUNGSZEIT:
30 Minuten

GRATINIERZEIT:
etwa 15 Minuten

1. Von dem Brokkoli die Blätter entfernen. Brokkoli in Röschen teilen, die Stängel am Strunk schälen und klein schneiden. Brokkoliröschen und klein geschnittene Stängel abspülen und abtropfen lassen. Zitrone heiß abwaschen, abtrocknen und die Schale abreiben. Zitrone halbieren und den Saft auspressen. Zitronenschale beiseitelegen.

2. Brühe mit Zitronensaft, Salz, Pfeffer und Muskat in einem Topf verrühren und zum Kochen bringen. Den Brokkoli hinzufügen, wieder zum Kochen bringen und etwa 5 Minuten kochen lassen.

3. Den Backofen vorheizen.
Ober-/Unterhitze: etwa 200 °C
Heißluft: etwa 180 °C

4. Die Kartoffeln pellen. Den gegarten Brokkoli in ein Sieb geben, dabei die Brühe auffangen. Tomaten abspülen, trocken tupfen, vierteln und die Stängelansätze herausschneiden. Kartoffeln, Brokkoli und Tomatenviertel in eine Auflaufform (gefettet) geben. Die aufgefangene Brühe mit Schmand verrühren und darauftr äufeln.

5. Knäckebrotscheiben in einen Gefrierbeutel geben. Beutel fest verschließen. Knäckebrot mit einer Teigrolle fein zerbröseln. Knäckebrotbrösel mit der beiseitegelegten Zitronenschale und Parmesan vermischen. Den Auflauf damit bestreuen.

6. Die Form auf dem Rost in den vorgeheizten Backofen schieben. Den Auflauf **etwa 15 Minuten gratinieren.**

TIPP:
Diesen Auflauf können Sie auch mit anderen Kohlsorten zubereiten, z.B. mit Blumenkohl, Romanesco, Rosenkohl oder Kohlrabi. Sie sollten auch diese Kohlsorten wie angegeben knapp vorgaren.

KÜRBIS MIT ZARTWEIZEN, ÜBERBACKEN MIT FRISCHKÄSE

ZUTATEN FÜR 2 PORTIONEN

125 g Zartweizen (vorgegarter Weizen)
1 l Gemüsebrühe
1 Zwiebel
etwa 650 g Kürbis, z. B. Hokkaido
1 EL Sonnenblumenöl
50–75 ml Gemüsebrühe (von dem Zartweizen)
2 EL Schnittlauchröllchen
etwa ½ TL abger. Bio-Zitronenschale (unbehandelt, ungewachst)
200 g körniger Frischkäse
Salz
gem. Pfeffer
ger. Muskatnuss
1–2 TL zerstoßene, rosa Pfefferbeeren

PRO PORTION:

E: 24 g, F: 14 g, Kh: 60 g, kcal: 463

ZUBEREITUNGSZEIT:

25 Minuten

ÜBERBACKZEIT:

etwa 20 Minuten

1. Zartweizen mit der Gemüsebrühe nach Packungsanleitung zubereiten. Dann den Zartweizen in ein Sieb geben, dabei die Gemüsebrühe auffangen und 50–75 ml abmessen, beiseitestellen.

2. In der Zwischenzeit Zwiebel abziehen und klein würfeln. Kürbis abspülen, abtropfen lassen, halbieren, entkernen und die Innenfasern entfernen. Kürbis in Spalten schneiden und nach Belieben schälen. Anschließend etwa 400 g Kürbisfruchtfleisch in etwa 1 ½ cm große Würfel schneiden.

3. Den Backofen vorheizen.
Ober-/Unterhitze: etwa 200 °C
Heißluft: etwa 180 °C

4. Sonnenblumenöl in einem Topf erhitzen. Die Zwiebelwürfel darin andünsten. Kürbiswürfel hinzufügen und unter gelegentlichem Rühren etwa 2 Minuten mitdünsten lassen. Die beiseitegestellte Gemüsebrühe hinzugießen. Die Kürbiswürfel zugedeckt in etwa 8 Minuten bissfest dünsten, dabei sollte die Gemüsebrühe fast verdampft sein.

5. In der Zwischenzeit die Schnittlauchröllchen mit Zitronenschale und Frischkäse vermischen, mit Salz und Pfeffer würzen. Das Kürbisgemüse mit Salz und Muskat würzen. Den Zartweizen untermischen. Die Kürbis-Weizen-Mischung in einer Auflaufform (gefettet) verteilen.

6. Die Frischkäsemasse löffelweise daraufgeben und vorsichtig verstreichen. Rosa Pfefferbeeren daraufstreuen.

7. Die Form auf dem Rost in den vorgeheizten Backofen (unteres Drittel) schieben. Das Kürbisgemüse **etwa 20 Minuten überbacken.**

8. Kürbis mit Zartweizen heiß servieren.

TIPPS:

Schmeckt auch gut mit Möhren oder anderen Kürbisarten. Diese müssen Sie im Gegensatz zum Hokkaido aber auf jeden Fall schälen. Versuchen Sie den Auflauf zur Abwechslung mal mit Couscous oder Bulgur.

SÜSSKARTOFFEL-PAPRIKA-„LASAGNE"

ZUTATEN FÜR 4 PORTIONEN FÜR DIE LASAGNE:

700 g rote Paprikaschoten
2 Zwiebeln
2 Knoblauchzehen
2 EL Olivenöl
½ Bund Majoran
Salz
gem. Pfeffer
1 kg Süßkartoffeln
4 Eier (Größe M)
200 ml Milch (1,5 % Fett)
400 g Joghurt (0,1 % Fett)
1 TL gekörnte Gemüsebrühe
1 ½ EL Sonnenblumenkerne

FÜR DIE MOJO VERDE (GRÜNE KRÄUTERSAUCE):

1 Bund gemischte Sommerkräuter, z. B. Basilikum, Dill, glatte Petersilie, Schnittlauch
1 Knoblauchzehe
3 EL gekörnte Gemüsebrühe
200 g Joghurt (0,1 % Fett)

PRO PORTION:

E: 21 g, F: 15 g, Kh: 76 g, kcal: 539

ZUBEREITUNGSZEIT:

20 Minuten, ohne Ruhezeit

GARZEIT:

65–70 Minuten

1. Für die Lasagne Paprikaschoten halbieren, entstielen, entkernen und die weißen Scheidewände entfernen. Schoten abspülen, abtropfen lassen, in etwa 2 cm große Stücke schneiden. Zwiebeln und Knoblauch abziehen, fein würfeln.

2. Olivenöl in einer Pfanne erhitzen. Zwiebel- und Knoblauchwürfel darin anbraten. Paprikastücke hinzugeben und mit anbraten, anschließend zugedeckt etwa 1 Minute dünsten. Majoran abspülen, trocken tupfen und die Blättchen von den Stängeln zupfen, Blättchen klein schneiden. Paprikastücke mit Salz, Pfeffer und Majoran würzen.

3. Kartoffeln schälen, abspülen, abtropfen lassen und längs in feine Scheiben schneiden oder hobeln. Eine Auflaufform (20 x 30 cm, leicht gefettet) mit etwa der Hälfte der Kartoffelscheiben auslegen. Paprikastücke darauf verteilen. Restliche Kartoffelscheiben dachziegelartig einschichten und leicht andrücken.

4. Den Backofen vorheizen.
Ober-/Unterhitze: etwa 180 °C
Heißluft: etwa 160 °C

5. Eier mit Milch, Joghurt, Salz, Pfeffer und Brühe glatt verrühren, über die eingeschichteten Zutaten gießen und mit Sonnenblumenkernen bestreuen. Die Form mit Alufolie zudecken und auf dem Rost in den vorgeheizten Backofen schieben. Die Lasagne **etwa 45 Minuten garen.**

6. Für die Mojo Kräuter abspülen, trocken tupfen und die Blättchen bzw. Spitzen von den Stängeln zupfen. Schnittlauch in Röllchen schneiden. Knoblauch abziehen, grob würfeln. Kräuter, Knoblauch und Brühe mit dem Pürierstab fein pürieren. Den Joghurt unterrühren. Die Mojo mit Salz und Pfeffer abschmecken.

7. Nach etwa 45 Minuten Garzeit die Alufolie von der Form entfernen. Die Lasagne **in weiteren 20–25 Minuten fertig garen.**

8. Die Form auf einen Rost stellen. Die Lasagne etwa 10 Minuten ruhen lassen und dann in Stücke schneiden. Lasagne mit der Mojo anrichten und servieren.

MOZZARELLA-SPINAT-SPÄTZLE

ZUTATEN FÜR 3 PORTIONEN

1 Zwiebel
1 EL Butter oder Margarine
200 g TK-Rahmspinat (portionierbar)
50 ml Wasser
300 g Weizenmehl, z. B. Spätzlemehl
Salz
3 Eier (Größe M)
2 l Wasser
1 EL Speiseöl
250 g Cocktailtomaten
150 g abgetropfter Mozzarella
gem. Pfeffer
2 EL Semmelbrösel

PRO PORTION:

E: 31 g, F: 28 g, Kh: 85 g, kcal: 721

ZUBEREITUNGSZEIT:

30 Minuten, ohne Abkühl- und Ruhezeit

ÜBERBACKZEIT:

etwa 20 Minuten

1. Zwiebel abziehen und sehr fein würfeln. Butter oder Margarine in einem Topf zerlassen, Zwiebelwürfel darin andünsten. Den gefrorenen Spinat und Wasser hinzugeben und zugedeckt bei schwacher Hitze unter gelegentlichem Rühren knapp gar dünsten. Spinat etwas abkühlen lassen.

2. Mehl in eine große Rührschüssel geben, 1 Teelöffel Salz, Eier und den Spinat hinzugeben. Die Zutaten mit einem Mixer (Knethaken) zu einem dickflüssigen, glatten Teig verschlagen. So lange weiterschlagen, bis der Teig Blasen wirft. Den Teig zugedeckt etwa 1 Stunde ruhen lassen.

3. Wasser in einem Topf zugedeckt aufkochen lassen, 1 Esslöffel Salz und Speiseöl hinzugeben. Den Spätzleteig portionsweise durch eine Spätzlepresse ins kochende Wasser geben. Die Spätzle ohne Deckel bei schwacher bis mittlerer Hitze garen. Spätzle sind gar, wenn sie an der Oberfläche schwimmen.

4. Spätzle mit einer Schaumkelle herausheben, kurz unter kaltem Wasser abspülen und in einem Sieb abtropfen lassen.

5. Den Backofen vorheizen.
Ober-/Unterhitze: etwa 200 °C
Heißluft: etwa 180 °C

6. Tomaten abspülen, trocken tupfen, halbieren und die Stängelansätze herausschneiden. Mozzarella in dünne Scheiben schneiden. Spätzle und Tomatenhälften in eine große Auflaufform (gefettet) geben. Mit etwas Salz und Pfeffer würzen und mit den Mozzarellascheiben belegen, Semmelbrösel daraufstreuen.

7. Die Form auf dem Rost in den vorgeheizten Backofen schieben. Spätzle **etwa 20 Minuten goldbraun überbacken.**

TIPP:

Servieren Sie evtl. einen knackigen Blattsalat mit einer Vinaigrette vorab.

ROTE BETE MIT GRÜNEN LINSEN UND SCHAFSKÄSE

ZUTATEN FÜR 2 PORTIONEN
ZUM VORBEREITEN:
100 g grüne Linsen

500 g gegarte Rote-Bete-Kugeln (vakuumverpackt, aus dem Kühlregal)
1 kleine Möhre (etwa 60 g)
60 g Staudensellerie
1 rote Zwiebel
1 Knoblauchzehe
1 rote Chilischote
1 EL Olivenöl
Salz
gem. Pfeffer
2 EL Crème fraîche
2 EL Schnittlauchröllchen

60 g Schafskäse
100 ml Gemüsebrühe

PRO PORTION:
E: 22 g, F: 38 g, Kh: 51 g, kcal: 640

ZUBEREITUNGSZEIT:
25 Minuten

GARZEIT:
etwa 25 Minuten

1. Zum Vorbereiten Linsen nach Packungsanleitung zubereiten. Linsen in einem Sieb abtropfen und abkühlen lassen.

2. Von den Rote-Bete-Kugeln die Kappen abschneiden und die Böden evtl. gerade schneiden. Die Rote-Bete-Kugeln so mit einem Ausstecher aushöhlen, dass ein Rand stehen bleibt. Das ausgehöhlte Fruchtfleisch grob hacken.

3. Möhre putzen, schälen, abspülen, abtropfen lassen und sehr klein würfeln. Staudensellerie putzen, abspülen, abtropfen lassen und klein würfeln. Zwiebel und Knoblauch abziehen, ebenfalls in kleine Würfel schneiden. Chilischote abspülen, abtropfen lassen und entstielen. Schote in feine Ringe schneiden.

4. Den Backofen vorheizen.
Ober-/Unterhitze: etwa 200 °C
Heißluft: etwa 180 °C

5. Olivenöl in einem Topf erhitzen. Möhren-, Sellerie-, Zwiebel-, Knoblauchwürfel und Chiliringe darin unter Rühren andünsten. Die vorbereiteten Linsen hinzugeben. Mit Salz und Pfeffer würzen. Crème fraîche, Rote-Bete-Fruchtfleisch und die Schnittlauchröllchen unterrühren.

6. Die Linsen-Gemüse-Masse in den ausgehöhlten Rote-Bete-Kugeln verteilen und in eine ofenfeste Form (gefettet) setzen. Schafskäse zerbröseln und daraufstreuen. Die Gemüsebrühe hinzugießen.

7. Die Form auf dem Rost in den vorgeheizten Backofen schieben. Die gefüllte Rote Bete mit grünen Linsen **etwa 25 Minuten garen.**

TIPPS:
Sie können jede Sorte Linsen nehmen, nur die Garzeiten sind unterschiedlich. Sie ist jeweils auf der Packung angegeben. Wenn es besonders schnell gehen soll, greifen Sie zu gegarten Linsen aus der Dose. Wenn Sie keinen Staudensellerie mögen, verwenden Sie stattdessen Knollensellerie.

CANNELLONI-MOHN-AUFLAUF

ZUTATEN FÜR 6 PORTIONEN

FÜR DIE FÜLLUNG:

250 g backfertige Mohnfüllung
20 g Hartweizengrieß
2 Eier (Größe M)
300 g Doppelrahm-Frischkäse
350 g abgetropfte Mandarinen (aus der Dose)

20 Cannelloni (etwa 200 g, ohne Vorkochen)

FÜR DEN GUSS:

3 Eier (Größe M)
250 ml Milch (3,5 % Fett)
200 g Schlagsahne
30 g Zucker
1 Msp. Geriebene Zitronenschale

FÜR DIE SAUCE:

2 gestr. EL Speisestärke
500 ml Orangensaft
100 g Orangenmarmelade
2–3 EL Zitronensaft
1–2 EL Zucker

ZUSÄTZLICH:

1 Spritzbeutel

PRO PORTION:

E: 23 g, F: 41 g, Kh: 87 g, kcal: 825

ZUBEREITUNGSZEIT:

30 Minuten

GARZEIT:

etwa 35 Minuten

1. Den Backofen vorheizen.
Ober-/Unterhitze: etwa 200 °C
Heißluft: etwa 180 °C

2. Für die Füllung die Mohnmasse mit Grieß, Eiern und Frischkäse in eine Rührschüssel geben und mit einem Mixer (Rührstäbe) verrühren, Mandarinen unterheben.

3. Die Masse in einen Spritzbeutel ohne Tülle geben, in die Cannelloni spritzen und in eine flache Auflaufform (etwa 2 ½ l Inhalt, gefettet) legen.

4. Für den Guss Eier mit Milch, Sahne, Zucker und Zitronenschale verrühren. Die Cannelloni damit übergießen, Cannelloni sollten mit dem Guss bedeckt sein. Die Form auf dem Rost in den vorgeheizten Backofen schieben. Die Cannelloni **etwa 35 Minuten garen.**

5. Für die Sauce Speisestärke mit 100 ml Orangensaft anrühren. Marmelade mit restlichem Orangen- und Zitronensaft in einem Topf zum Kochen bringen. Angerührte Speisestärke in den von der Kochstelle genommenen Saft rühren und unter Rühren aufkochen lassen. Mit Zucker abschmecken. Die Sauce heiß oder kalt zu den Cannelloni servieren.

REZEPTVARIANTE:

Für **Karamellauflauf mit Birnen** den Backofen vorheizen (Ober-/Unterhitze: etwa 200 °C, Heißluft: etwa 180 °C). 100 g Zucker in einem Topf bei schwacher Hitze karamellisieren. 400 g Schlagsahne hinzugießen, zum Kochen bringen und unter Rühren so lange kochen lassen, bis der Karamell gelöst ist. Den Topf von der Kochstelle nehmen und die Karamellsahne abkühlen lassen. Die Karamellsahne mit 6 Eigelb (Größe M) verrühren. 6 Eiweiß (Größe M) steif schlagen und unterheben. 8 abgetropfte Birnenhälften (aus der Dose) mit 100 g gewürfelten Löffelbiskuits in eine Auflaufform (gefettet) geben. Die Karamellsahne darauf verteilen. Die Form auf dem Rost in den vorgeheizten Backofen schieben und den Auflauf etwa 50 Minuten garen.

CLAFOUTIS – FRANZÖSISCHER BEERENAUFLAUF

ZUTATEN FÜR 4 PORTIONEN

etwa 200 g gemischte Beeren, z. B. Heidelbeeren, Himbeeren, Brombeeren und Johannisbeeren
125 g Dinkelmehl (Type 630)
½ TL Backpulver
2 Eier (Größe M)
1 Prise Salz
4 EL flüssiger Honig oder brauner Zucker
1 Prise gem. Zimt
150 ml Dinkeldrink, ungesüßt
1 EL gehobelte Haselnüsse

PRO PORTION:

E: 8 g, F: 10 g, Kh: 42 g, kcal: 293

ZUBEREITUNGSZEIT:

15 Minuten

BACKZEIT:

etwa 35 Minuten

1. Die Beeren verlesen, kurz abspülen (Himbeeren nach Möglichkeit nicht abspülen) und sehr gut abtropfen lassen. Johannisbeeren von den Rispen streifen.

2. Den Backofen vorheizen.
Ober-/Unterhitze: etwa 200 °C
Heißluft: etwa 180 °C

3. Die Hälfte der vorbereiteten Beeren in einer Auflaufform (etwa 1,2 l Inhalt, gefettet) verteilen.

4. Das Mehl mit dem Backpulver mischen. Eier in eine Rührschüssel geben, mit einem Mixer (Rührstäbe) kurz schaumig schlagen. Salz und 3 Esslöffel von dem Honig bzw. Zucker hinzugeben und etwa ½ Minute weiterschlagen.

5. Zimt und Dinkeldrink nach und nach unterschlagen. Die Mehl-Backpulver-Mischung daraufsieben und kurz auf niedrigster Stufe unterrühren. Den Teig auf den Früchten in der Auflaufform verteilen. Die restlichen Beeren daraufgeben, mit den Haselnüssen bestreuen und mit dem restlichen Honig beträufeln bzw. mit dem restlichen Zucker bestreuen.

6. Die Form auf dem Rost in den vorgeheizten Backofen schieben. Clafoutis **etwa 35 Minuten backen.**

BEILAGE:

Reichen Sie eine **Joghurtcreme** dazu. Dafür 400 g Joghurt (0,1 % Fett, cremig gerührt) mit 1 gestrichenen Teelöffel braunem Zucker und etwas gemahlener Vanille (z. B. aus der Vanillemühle) glatt rühren.

TIPP:

Außerhalb der Saison können Sie die gleiche Menge TK-Beeren-Mix verwenden. Die Beeren werden dann tiefgekühlt auf den Teig gegeben. Die Backzeit verlängert sich dadurch um 5–8 Minuten.

KIBA-QUARK-GRATIN

ZUTATEN FÜR 4 PORTIONEN FÜR DAS KIRSCHKOMPOTT:

350–370 g abgetropfte Sauerkirschen (aus dem Glas)
Saft von den Kirschen (aus dem Glas)
1–2 EL Muskovado-Zucker
1 Btl. Punsch- oder Glühwein-Gewürz
1 ½ EL Speisestärke (25 g)

FÜR DIE BANANEN-HIRSE-CREME:

200 g Bananen-Fruchtfleisch (vorbereitet gewogen, von 2–3 Bananen)
3 EL Zitronensaft
½ TL Geriebene Zitronenschale
200 g Magerquark
3 EL Muskovado-Zucker
60 g Hirseflocken
2 Eiweiß (Größe S)
1 Prise Salz
2 Eigelb (Größe S)

ZUSÄTZLICH:

4 Auflaufförmchen (je etwa 300 ml Inhalt)

PRO PORTION:

E: 13 g, F: 5 g, Kh: 70 g, kcal: 392

ZUBEREITUNGSZEIT:

20 Minuten, ohne Ziehzeit

BACKZEIT:

etwa 25 Minuten

1. Für das Kirschkompott die Kirschen in einem Sieb abtropfen lassen, dabei den Saft auffangen und 4 Esslöffel davon abnehmen. Den restlichen Saft mit dem Zucker und dem Gewürz in einen Topf geben, erwärmen und etwa 5 Minuten ziehen lassen.

2. Speisestärke mit den 4 Esslöffeln Kirschsaft glatt rühren. Den Gewürzbeutel aus dem Saft entfernen. Den gewürzten Saft zum Kochen bringen. Die angerührte Speisestärke in den von der Kochstelle genommen Saft rühren, dann unter Rühren nochmals aufkochen und kurz köcheln lassen. Die Kirschen unterrühren und den Topf von der Kochstelle nehmen.

3. Für die Bananen-Hirse-Creme Bananen-Fruchtfleisch mit Zitronensaft, -schale und Magerquark in einen hohen Rührbecher geben. Die Zutaten mit einem Pürierstab gründlich durchmixen, bis eine glatte Creme entstanden ist.
1 ½ Esslöffel Zucker mit den Hirseflocken unterrühren. Die Bananen-Hirse-Creme etwa 5 Minuten quellen lassen.

4. In der Zwischenzeit den Backofen vorheizen.
Ober-/Unterhitze: etwa 180 °C
Heißluft: etwa 160 °C

5. Das Kirschkompott gleichmäßig in den Auflaufförmchen (gefettet) verteilen. Eiweiß und Salz mit einem Mixer (Rührstäbe) auf höchster Stufe sehr steif schlagen. Eigelb mit dem Mixer (Rührstäbe) auf niedrigster Stufe unter die Bananen-Hirse-Creme rühren. Den Eischnee vorsichtig unterziehen.

6. Die Bananen-Hirse-Creme gleichmäßig auf dem Kompott in den Förmchen verteilen, mit dem restlichen Zucker bestreuen. Die Förmchen auf dem Rost in den vorgeheizten Backofen schieben. Die Gratins **etwa 25 Minuten backen.**

7. Die Förmchen auf einen Kuchenrost stellen. Die Gratins etwas abkühlen lassen und lauwarm servieren.

TIPP:

Magerquark versorgt uns bei einem sehr geringen Fettanteil mit hochwertigem Eiweiß und mit Kalzium.

RHABARBER-AUFLAUF MIT NÜSSEN

ZUTATEN FÜR 4 PORTIONEN

500 g Rhabarber
125 g Zucker
2 EL Himbeersirup
125 g Zwieback
3 Eigelb (Größe M)
125 g Schlagsahne
1 Pck. Vanillin-Zucker
50 g fein gehackte Haselnusskerne
3 Eiweiß (Größe M)
50 g Zucker

PRO PORTION:

E: 12 g, F: 24 g, Kh: 80 g, kcal: 600

ZUBEREITUNGSZEIT:

25 Minuten, ohne Saftziehzeit

GARZEIT:

etwa 25 Minuten

1. Den Backofen vorheizen.
Ober-/Unterhitze: etwa 200 °C
Heißluft: etwa 180 °C

2. Rhabarber putzen (nicht abziehen), waschen, abtropfen lassen und in etwa 2 cm lange Stücke schneiden. Dicke Stangen vorher längs halbieren. Rhabarberstücke in eine Schüssel geben, mit Zucker und Himbeersirup vermengen. Rhabarberstücke einige Zeit zum Saftziehen stehen lassen.

3. Rhabarberstücke mit dem entstandenen Saft in einem Topf zum Kochen bringen und 5–10 Minuten weich dünsten lassen (Rhabarberstücke dürfen nicht zerfallen).

4. Eine Aufflaufform (gefettet) oder Portionsformen (z. B. 2 Stück, jeweils 16 x 16 cm , gefettet) mit Zwiebäcken auslegen. Eigelb mit Sahne und Vanillin-Zucker verschlagen. Die Zwiebäcke damit übergießen. Haselnusskerne daraufstreuen und die Rhabarberstücke darauf verteilen.

5. Eiweiß steif schlagen. Der Schnee muss so fest sein, dass ein Messerschnitt sichtbar bleibt, Zucker kurz unterschlagen. Die Eischneemasse auf den Rhabarberstücken verteilen (nicht glatt streichen).

6. Die Form auf dem Rost in den vorgeheizten Backofen schieben und den Auflauf **etwa 25 Minuten garen.**

REZEPTVARIANTE:

Für einen **Birnenauflauf mit Schneehaube** 250 ml Milch in einem Topf erhitzen. Etwa 100 g Zwiebäcke in eine flache Schale legen, mit der Milch übergießen und kurz einweichen lassen. Den Backofen vorheizen (Ober-/Unterhitze: etwa 200 °C, Heißluft: etwa 180 °C). 800 g Birnenkompott abtropfen lassen und in eine flache Auflaufform (gefettet) geben. Eingeweichte Zwiebäcke dicht nebeneinander darauflegen. Einen Pudding aus 500 ml Milch, 1 Päckchen Pudding-Pulver Vanille-Geschmack, 50 g Zucker und 2 Eigelb (Größe M) nach Packungsanleitung zubereiten. Den Pudding auf den Zwiebäcken verteilen. 2 Eiweiß (Größe M) sehr steif schlagen und 2 gestrichene Teelöffel Zucker kurz unterschlagen. Die Eischneemasse in einen Spritzbeutel mit Lochtülle geben und auf den Pudding spritzen oder die Eischneemasse gleichmäßig auf den Pudding streichen. Die Form auf dem Rost in den vorgeheizten Backofen schieben und den Auflauf 15–20 Minuten garen.

TIPP:

Für den Auflauf können beliebige Reste von gedünstetem Obst, auch Obst aus dem Glas oder der Dose verwendet werden.

TOFU-VANILLE-AUFLAUF MIT KARAMELL-ÄPFELN

ZUTATEN FÜR 4 PORTIONEN
FÜR DIE KARAMELL-ÄPFEL:
25 g Voll-Rohrzucker
500 g säuerliche Bio-Äpfel
2 EL Zitronensaft

FÜR DIE TOFU-MANDEL-CREME:
500 g Seidentofu
150 ml Mandeldrink, ungesüßt
1 TL Vanillemark
20 g Voll-Rohrzucker
30 g Ei-Ersatz-Pulver
120 ml Wasser
60 g Vollkorn-Hirseflocken

ZUM BESTREUEN:
1 ½ EL gestiftelte Mandeln

ZUSÄTZLICH:
vegane Margarine für die Form

PRO PORTION:
E: 10 g, F: 11 g, Kh: 46 g, kcal: 323

ZUBEREITUNGSZEIT:
15 Minuten

BACKZEIT:
etwa 30 Minuten

1. Für die Karamell-Äpfel Zucker in einen Topf geben und bei mittlerer Hitze schmelzen lassen. Inzwischen Äpfel evtl. schälen, sonst gründlich heiß waschen, abtrocknen und vierteln. Die Apfelviertel entkernen. Apfelviertel in den Karamell geben, kurz mitdünsten, dann Zitronensaft zugeben und alles durchschwenken, bis sich der Karamell gelöst hat. Den Topf von der Kochstelle nehmen.

2. Für die Tofu-Mandel-Creme Tofu, Mandeldrink, Vanillemark und Zucker in einer Schüssel mit einem Pürierstab pürieren. Ei-Ersatz und Wasser in einen hohen Rührbecher geben und mit einem Mixer (Rührstäbe) auf höchster Stufe schlagen. Ei-Ersatz mit den Hirseflocken unter die Tofu-Mandel-Mischung rühren.

3. Den Backofen vorheizen.
Ober-/Unterhitze: etwa 200 °C
Heißluft: etwa 180 °C

4. Die Tofu-Mandel-Creme in eine Auflaufform (etwa 1,2 l Inhalt, mit veganer Margarine gefettet) geben und glatt streichen. Die Äpfel mit der Karamellsauce gleichmäßig daraufgeben und mit den Mandeln bestreuen.

5. Die Form auf dem Rost in den vorgeheizten Backofen (unteres Drittel) schieben. Den Auflauf **etwa 30 Minuten backen.**

6. Die Form auf einen Kuchenrost stellen. Den Auflauf in Stücke schneiden, auf kleinen Tellern anrichten und servieren.

TIPPS:
Die Tofu-Mandel-Creme können Sie alternativ auch mit Agavendicksaft, Apfel- oder Birnenkraut, Stevia oder Reissirup süßen. Achten Sie bei der Verwendung anderer Süßungsmittel darauf, dass sich die Mengen ändern können.
Der Auflauf schmeckt auch mit Birnen sehr lecker.

GRIESSAUFLAUF MIT OBST

ZUTATEN FÜR 6 PORTIONEN

500 ml Milch (3,5 % Fett)
1 Pck. Pudding-Pulver Vanille-Geschmack
Salz
125 g Weichweizengrieß
75 g Butter
60 g Zucker
1 Pck. Vanillin-Zucker
3 Eier (Größe M)
1 gestr. TL Backpulver
500 g abgetropfte Mirabellen (aus der Dose)
2 EL gestiftelte, geröstete Mandeln
1 EL Puderzucker

PRO PORTION:

E: 10 g, F: 20 g, Kh: 55 g, kcal: 445

ZUBEREITUNGSZEIT:

15 Minuten

GARZEIT:

etwa 35 Minuten

1. Den Backofen vorheizen.
Ober-/Unterhitze: etwa 180 °C
Heißluft: etwa 160 °C

2. Von der Milch 3 Esslöffel abnehmen, mit Pudding-Pulver anrühren und beiseitestellen. Restliche Milch mit Salz in einem Topf zum Kochen bringen.

3. Grieß in die von der Kochstelle genommene Milch rühren und zum Quellen stehen lassen.

4. Butter mit dem Mixer (Rührstäbe) auf höchster Stufe schaumig rühren. Nach und nach Zucker, Vanillin-Zucker, Eier, Backpulver und den noch warmen Grießbrei mit dem angerührten Pudding-Pulver auf mittlerer Stufe unterrühren.

5. Mirabellen unter die Grießmasse heben und in eine Auflaufform (gefettet) oder 6 ofenfeste Förmchen (gefettet) geben. Die Form oder Förmchen auf dem Rost in den vorgeheizten Backofen schieben. Den Auflauf **etwa 35 Minuten garen**.

6. Den Auflauf mit Mandeln bestreuen und mit Puderzucker bestäubt servieren.

REZEPTVARIANTE:

Für einen **Maisgrieß-Auflauf** 1 Liter Milch mit 40 g Butter und 1 Päckchen Vanillin-Zucker in einem Topf zum Kochen bringen. 170 g Maisgrieß unter Rühren einstreuen und unter Rühren etwa 3 Minuten kochen lassen. Den Topf von der Kochstelle nehmen und die Grießmasse abkühlen lassen. 1 Bio-Orange (unbehandelt, ungewachst) heiß abwaschen, abtrocknen und die Schale abreiben. 200 g getrocknete, entsteinte Pflaumen in eine Schale geben, mit 6 Esslöffeln braunem Rum und der Orangenschale vermischen, zugedeckt etwa 40 Minuten durchziehen lassen. Den Backofen vorheizen (Ober-/Unterhitze: etwa 200 °C, Heißluft: etwa 180 °C). 3 Eiweiß (Größe M) mit 30 g Zucker steif schlagen. 3 Eigelb (Größe M) mit 50 g Zucker zu einer weißen Creme aufschlagen. Die Grießmasse nach und nach unter die Eigelbcreme rühren. Eischnee unterheben. Die Hälfte der Grießcreme in eine Auflaufform (gefettet) füllen. Die marinierten Pflaumen mit der Flüssigkeit daraufgeben und die restliche Grießcreme darauf verteilen. Die Form auf dem Rost in den vorgeheizten Backofen schieben und den Auflauf etwa 35 Minuten garen. Den Maisgrieß-Auflauf mit Puderzucker bestäuben und servieren.

QUARKAUFLAUF MIT ÄPFELN

ZUTATEN FÜR 4 PORTIONEN

75 g Butter oder Margarine (zimmerwarm)
125 g Zucker
1 Pck. Vanillin-Zucker
3 Eier (Größe M)
1 Prise Salz
500 g Magerquark
1 Pck. Pudding-Pulver Vanille-Geschmack
500 g säuerliche Äpfel

PRO PORTION:

E: 22 g, F: 22 g, Kh: 57 g, kcal: 520

ZUBEREITUNGSZEIT:

25 Minuten

GARZEIT:

25–35 Minuten

1. Den Backofen vorheizen.
Ober-/Unterhitze: etwa 200 °C
Heißluft: etwa 180 °C

2. Butter oder Margarine mit einem Mixer (Rührstäbe) auf höchster Stufe geschmeidig rühren. Nach und nach Zucker, Vanillin-Zucker, Eier, Salz und Quark unterrühren. Pudding-Pulver nach und nach auf mittlerer Stufe unterrühren.

3. Äpfel schälen, vierteln und entkernen. Die Hälfte der Äpfel in kleine Würfel, die zweite Hälfte in Spalten schneiden. Apfelwürfel unter die Quarkmasse heben.

4. Die Apfel-Quark-Masse in eine große, flache Auflaufform (etwa 1 ½ l Inhalt, gefettet) oder 4 kleine Portions-Auflaufformen (je etwa 400 ml Inhalt, gefettet) füllen und glatt streichen.

5. Die Apfelspalten auf der Apfel-Quark-Masse verteilen, evtl. etwas eindrücken. Die Form oder Formen auf dem Rost in den vorgeheizten Backofen schieben. Den Quarkauflauf **25–35 Minuten garen** (in kleinen Formen braucht der Auflauf etwas weniger Zeit, in einer großen Form etwas länger).

TIPPS:

Wer Rosinen mag, kann noch etwa 50 g Rosinen mit den Apfelwürfeln unter die Quarkmasse heben. Der Quarkauflauf schmeckt auch gut mit frischen Stachelbeeren. Bestäuben Sie den Auflauf vor dem Servieren noch mit etwas Puderzucker.

REZEPTVARIANTE:

Für einen **Kirsch-Quark-Auflauf** den Backofen vorheizen (Ober-/Unterhitze: etwa 180 °C, Heißluft: etwa 160 °C). 2 Esslöffel Butter in einer Rührschüssel mit einem Mixer (Rührbesen) geschmeidig rühren. 3 Eigelb (Größe M) nach und nach unterrühren. 1 Vanilleschote vorsichtig aufschneiden und das Mark herauskratzen. Vanillemark mit 50 g Hartweizengrieß, 500 g Magerquark, abgeriebener Schale und Saft von 1 Bio-Zitrone (unbehandelt, ungewachst) und 80 g Zucker unter die Fett-Eigelb-Masse rühren. 500 g Sauerkirschen waschen, abtropfen lassen, entstielen, entsteinen und unter die Quarkmasse rühren. 3 Eiweiß (Größe M) steif schlagen und vorsichtig unterheben. Die Masse in einer Auflaufform (gefettet) verteilen und mit 20 g abgezogenen, gehobelten Mandeln (evtl. etwas zerkleinert) bestreuen. Die Form auf dem Rost in den vorgeheizten Backofen schieben und den Auflauf etwa 40 Minuten garen.

REGISTER

IMPRESSUM

Genehmigte Lizenzausgabe für
Weltbild GmbH & Co. KG
Werner-von-Siemens-Str. 1, 86159 Augsburg

Projektleitung: Carola Reich

Lektorat: no:vum, Susanne Noll, Hennef

Nährwertberechnungen: Nutri Service, Hennef,
Angelika Ilies, Langen

Coverfoto: Fotostudio Diercks – Kai Boxhammer,
Thomas Diercks, Christiane Krüger, Hamburg

Foodfotografie:
Walter Cimbal, Hamburg (S. 29)
Fotostudio Diercks (Kai Boxhammer, Thomas
Diercks, Christiane Krüger) Hamburg (S. 7, 9, 11, 13,
15, 17, 23, 25, 27, 31, 35, 39, 41, 43, 45, 47, 49, 53, 55,
59, 61, 63, 65, 67, 69, 71, 79, 81, 87, 91)
Antje Plewinski, Berlin (S. 21, 33, 37, 51, 57, 73, 75, 83,
85, 89, 93)
Ulli Hartmann, Halle/Westfalen (S. 77)

Covergestaltung, Satz und Layout:
Büro 18, Friedberg (Bay.)

Lithografie: Jan Russok
Herstellung: Frank Jansen
Druck und Bindung: optimal media GmbH, Röbel

Printed in the EU
978-3-8289-2891-6

2018
Die letzte Jahreszahl gibt die aktuelle Lizenzausgabe
an.
Einkaufen im Internet:
www.weltbild.de